CHRONIQUES ÉCONOMIQUES 2003

© Descartes & Cie, 2003
32, rue Cassette, 75006 Paris
www.editions-descartes.fr

ISBN 2-84446-067-4 - ISSN 1263-9230

LE CERCLE DES ÉCONOMISTES

CHRONIQUES ÉCONOMIQUES 2003

Peut-on faire confiance
aux marchés financiers?

Descartes & Cie

SOMMAIRE

Sommaire

Prologue

Peut-on faire confiance aux marchés financiers ?

Pour la quatrième fois, Euronext et le Cercle des économistes réfléchissent aux grandes questions économiques et morales qui sous-tendent l'évolution des marchés boursiers pour apporter, avec des éclairages riches car contrastés, une lecture de notre actualité.

Le débat ouvert depuis les scandales comptables et financiers est l'une de ces questions. En effet, il a largement dépassé le cercle des initiés, et, porté sur la place publique, a empli les colonnes des journaux, été l'objet de débats parlementaires, alimentant l'interrogation légitime des investisseurs individuels et professionnels. Tout comme la boîte de Pandore laissait échapper les pires maléfices, ce débat a jeté la suspicion, de manière excessive et parfois irrationnelle sur les acteurs économiques et financiers, questionné l'équilibre des pouvoirs au sein de l'entreprise, les professions du chiffre, les analystes et les intermédiaires financiers. Les baisses ou les crises des marchés boursiers ont besoin de responsables identifiés…

Puis la réaction est venue, rapide aux États-Unis, dans un second temps en Europe, avec son ensemble de codes de bonne conduite, de règlements et de lois qui ont balayé l'ensemble des questions et apporté leur réponse. C'est ainsi qu'ont été élevées des murailles de Chine, établis de nouveaux garde-fous, redéfinies la norme et son pendant, la sanction.

Deux ans après Enron, il était temps de faire le point sur le sujet, tant la confiance est au cœur du fonctionnement des marchés financiers : confiance dans l'équité des règles de marché, confiance dans le système de régulation, confiance enfin dans la capacité des économies à renouer avec la croissance.

Jean-Hervé Lorenzi	Jean-François Théodore
Président du Cercle des économistes	Président Directeur Général d'Euronext

Introduction

Présentation de la problématique

Bertrand Jacquillat

Les investisseurs ont un intérêt évident à connaître la « vraie » valeur des entreprises. Il n'en demeure pas moins que l'histoire financière contemporaine suggère que les cours boursiers de la période 1998-2000 ne la reflètent pas nécessairement. Beaucoup de sociétés en effet – et notoirement dans le secteur des valeurs technologiques et informatiques – étaient surévaluées au moment de la bulle boursière 1998-2000.

L'éclatement de cette bulle a sérieusement érodé la confiance des investisseurs à la fois dans les marchés financiers et les entreprises, si l'on en juge par le niveau élevé de la prime de risque depuis lors. D'août 2001 à octobre 2003, le niveau moyen de la prime de risque, telle qu'elle est calculée quotidiennement par Associés en Finance, a été de 4,90 %, avec certains pics en septembre 2002 (6,75 %) ou mars 2003 (7,40 %). Calculée sur cinq ans, d'octobre 1998 à octobre 2003, période couvrant un cycle boursier complet de hausse puis de baisse, le niveau moyen de la prime de risque n'est que de 3,70 %, ce qui correspond peu ou prou à sa moyenne historique depuis 25 ans. Cette différence de prime de risque moyenne, entre une moyenne longue et une moyenne courte, de 1,20 % se traduit par une « perte » de capitalisation boursière de l'ordre de 30 %, soit environ 400 milliards d'euros pour les seules sociétés cotées françaises. Ceci a par ailleurs pour conséquence pour les entreprises des coûts de financement plus élevés, et par conséquent pour l'économie un déficit d'investissements productifs.

D'une situation de surévaluation très significative, on est donc passé à une situation de sous évaluation.

Un très grand nombre d'observateurs se sont penchés sur les causes et les raisons de cette surévaluation qui a conduit à l'éclatement de la bulle boursière à partir du printemps 2000, et à la perte de confiance des opérateurs dans les marchés financiers et les entreprises.

Cette surévaluation a-t-elle été due aux agissements frauduleux de quelques auditeurs et commissaires aux comptes, aux manquements et à la légèreté des analystes financiers, au déficit de gouvernement d'entreprise…, ou tout simplement à l'exubérance irrationnelle de tous les acteurs ?

Le cahier n° 2 du Cercle des économistes s'intitulait *Le gouvernement d'entreprise n'est pas du seul ressort du conseil d'administration*. Effectivement, les très nombreuses questions qui se sont posées après l'éclatement de la bulle, et les réponses apportées à certaines d'entre elles pour redonner confiance dans les marchés financiers et les entreprises, et qui sont évoquées ci-après, dépassent largement le fonctionnement et les modalités du gouvernement d'entreprise entendu stricto sensu.

• Les marchés financiers peuvent-ils assumer une meilleure discipline, un meilleur contrôle des décisions des dirigeants ? Ou les conseils d'administration doivent-ils assumer davantage de responsabilités ? Convient-il de modifier l'équilibre entre un management puissant, des conseils d'administration timorés et des investisseurs en général passifs ?

Les marchés financiers assument des fonctions économiques importantes : l'allocation des ressources dans l'économie, la liquidité de placements longs, le partage et la transmission des risques. Ils assurent une fonction supplémentaire qui est celle de discipliner les comportements des dirigeants via le marché du contrôle – les OPA/OPE hostiles. Ces opérations ont démontré leur effet positif dans la mesure où, dans la majorité des cas, la valeur de l'ensemble après opération est supérieure à la somme des valeurs des deux – valeur de la cible plus valeur du prédateur – avant l'opération. Mais ces opérations qui sanctionnent dans beaucoup de cas l'impéritie de certaines équipes dirigeantes, dont les entreprises sont la cible de prédateurs, représentent des sanctions très lourdes et donc rares.

Encore faut-il alors qu'en temps normal les marchés financiers donnent les bons signaux, c'est à dire que les cours des sociétés soient représentatifs de leur valeur. Si tel n'était pas le cas, des signaux erronés et donc des valorisations peu fidèles risquent d'inciter les dirigeants à prendre des décisions inadéquates. C'est ce que d'aucuns pensent avoir été le cas en 1988-2000. Mais, qui plus est, certaines actions et décisions des dirigeants d'entreprise peuvent elles-mêmes véhiculer des signaux erronés. C'est le rôle du conseil d'administration d'éviter ces perturbations.

• Les règles et les modalités du gouvernement d'entreprise ont-ils un incidence sur la création de valeur ?

Pendant de nombreuses années les investisseurs ont cru avoir de bonnes raisons de ne prêter qu'une attention lointaine au gouvernement d'entreprise : les recherches universitaires ne trouvaient que peu de lien entre les pratiques du gouvernement d'entreprise et les performances économiques et financières des sociétés. La raison en était sans doute que la recherche d'une corrélation entre les deux était très lourde du fait de bases de données insuffisantes sur les pratiques de gouvernement d'entreprise, de telle sorte que ces recherches portaient sur de trop petits échantillons de sociétés et sur de trop courtes périodes pour mettre en évidence de tels liens.

Gompers, Ishir et Metrick[1] ont entrepris une recherche en profondeur en étudiant 1500 sociétés américaines au cours de la décennie 1990-2000, et ont trouvé que les entreprises ayant de bonnes pratiques de gouvernance et qui étaient davantage « à l'écoute » de leurs actionnaires avaient eu une rentabilité annuelle supérieure de 8,5 % à celles qui étaient gérées de manière autoritaire (ce qui constitue une différence énorme compte tenu d'un taux de rentabilité annuel boursier de l'ensemble des sociétés américaines de 12,7 % sur la même période). Une bonne gouvernance d'entreprise semblerait donc contribuer à la création de valeur.

• Les directions financières des entreprises manipulent-elles à la fois les chiffres comptables et les analystes financiers pour influer sur les consensus

---

1. Paul Gompers, Jay Ishir et Andrew Matrick « Corporate Governance and Equity Prices », *Quarterly Journal of Economics*, 2003.

des estimations de résultats de ces derniers, avec pour objectif la manipulation des cours boursiers de ces entreprises ?

Par une sorte d'entente tacite conjointe de certaines directions financières d'entreprises et des analystes financiers, la nature du travail des analystes financiers s'est profondément dévoyée à partir du début des années 1990, avec la focalisation des uns et des autres sur la « surprise des bénéfices » (Earnings surprise). La surprise des bénéfices, c'est la différence entre le BPA annoncé par la société et le BPA prévu par les analystes. Elle est positive lorsque le BPA annoncé par la société est supérieur au bénéfice tel qu'il était prévu par les analystes, et négative dans le cas inverse. La tâche principale sur laquelle la plupart des analystes se sont concentrés est devenue celle de la prévision des bénéfices trimestriels et des bénéfices de l'exercice en cours ou du prochain exercice des sociétés.

Selon Brown[2], jusqu'à il y a dix ans (1994), le nombre de sociétés pour lesquelles les surprises des bénéfices étaient positives était à peu près équivalent à celui pour lesquelles les surprises de bénéfices étaient négatives. Depuis le marché haussier de 1994, la proportion des surprises négatives est tombée à 20 % et celle des surprises positives a dépassé 70 %. Malgré la crise de confiance qui a affecté la profession des analystes financiers, la situation est restée la même encore en 2003. En effet, pour le premier trimestre de l'exercice 2003, et les 500 sociétés de l'indice Standard and Poor's, il y a eu 63,4 % de surprises positives et seulement 18 % de surprises négatives. Le « jeu » des sociétés concernées et des analystes serait davantage d'essayer de battre l'estimation trimestrielle ou annuelle des bénéfices, que de produire une augmentation des bénéfices.

En France en 2003, rares sont les grands groupes cotés qui ont profité de la publication de leurs comptes annuels 2002 pour livrer leurs prévisions sur l'exercice 2003. Air Liquide, Lafarge, Axa et Michelin notamment ont refusé de formuler la moindre prévision 2003, suivant en cela l'exemple de Coca Cola et Gillette notamment, qui ont affirmé qu'elles ne fourniraient plus

---

2. Laurence D. Brown, « A Temporal analysis of Earnings Surprises : Profits versus Losses », *Journal of Accounting Research*, Automne 2002.

de telles estimations à l'avenir car « donner des estimations empêche de se concentrer sur les initiatives stratégiques permettant de réussir sur le long terme ». Corrélativement, les nouveaux comportements qui s'observent depuis quelques mois chez les analystes leur permettent de regagner de la crédibilité, dans la mesure où ils se concentrent à nouveau sur l'estimation des facteurs clé de la valorisation d'une entreprise, à savoir les flux de trésorerie disponibles à long terme, et sur des estimations de risque et d'illiquidité des sociétés.

Le retour à ces pratiques de bon sens permettra aux entreprises de retrouver des marges de manœuvre et de se consacrer à la stratégie sans être terrifiées par l'impact de leurs résultats trimestriels sur leurs cours de bourse.

• Les informations que les entreprises divulguent aux acteurs extérieurs sont-elles suffisamment précises et transparentes ?

La nature, la quantité et la qualité de l'information financière communiquée aux investisseurs par les émetteurs est un sujet délicat et difficile. A tout le moins peut-on mesurer si celle-ci s'est ou non améliorée dans un passé récent. Selon une étude du cabinet de conseil Shelley, Taylor et Associates, la communication financière des 1000 plus grandes entreprises mondiales, évaluée à partir de l'analyse du contenu de leurs rapports annuels et de leur site Internet, s'est détériorée entre 2000 et 2002. Ainsi, seulement 18 % des sociétés incluaient en 2002 des états ou commentaires prévisionnels à deux ans contre 79 % en 2000. Dans le cadre d'un environnement économique récessif, seulement 30 % des sociétés commentait des mauvaises nouvelles contre 50 % deux ans avant. A l'évidence, les responsables d'entreprises rechignent à être tenus responsables, d'où ce déficit de communication laquelle risquerait de les engager, mais les investisseurs préféreraient sans doute être tenus informés des mauvaises nouvelles que de ne pas recevoir du tout d'informations.

• Quelle est l'importance des standards comptables dans la formation des cours de bourse ? Les normes IAS 32 et 39 que l'International Accounting Standards Board veut mettre en place sont-elles toujours adéquates, quel que soit le secteur auquel elles s'appliqueraient ?

• Quel rôle les analystes financiers jouent-ils dans la formation des cours boursiers ?

Boni et Womack[3] ont fait une synthèse des recherches universitaires consacrées aux conflits d'intérêt auxquels ont été confrontés les analystes financiers à partir des années 1994/1995. Comme on l'a vu, ceux-ci ont joué un jeu étriqué avec les directions financières d'entreprise, ce qui aboutissait à une vision à court terme de leur travail alors qu'ils sont censés éclairer les investisseurs sur la qualité des sociétés qu'ils suivent. Leurs liens parfois étroits avec les départements Corporate finance de leur employeur étaient une autre source de conflit d'intérêt, dans la mesure où ils défendaient les intérêts de celui-ci plutôt que celui du public des investisseurs qu'ils étaient censés servir.

Boni et Womack[4] ont par ailleurs examiné la qualité de leur recommandations. Selon eux les « upgrades » et « downgrades » des analystes prédisent les rentabilités boursières à court terme, ce qui impliquerait que leurs recommandations apportent de la valeur ajoutée. Cependant la proportion des « upgrades » ayant été quatre à cinq fois plus importante pendant la bulle boursière que celle des « downgrades », on peut les soupçonner d'avoir significativement contribué à l'exubérance irrationnelle. En tout cas, la loi Sabarnes-Oxley puis la SEC américaine ont donné les moyens à l'analyse financière indépendante de se développer.

• Les modes et les niveaux de rémunération des dirigeants ont-ils dérivé à un point tel qu'ils sont devenus des mécanismes incitatifs pervers ? Quelle est leur incidence sur les résultats publiés par les sociétés et sur leurs cours de bourse ?

La valorisation d'une société en bourse dépend selon l'approche traditionnelle de la finance de trois facteurs : les perspectives de cash flow libres susceptibles d'être générés bon an mal an par l'entreprise, le risque de l'entreprise tel qu'il est perçu par le marché, et dont les agences de notation ne donnent qu'une vision étroite, et en tout cas trop synthétique, et le degré de liquidité des titres en bourse. A ces facteurs dits endogènes dont l'entreprise a une certaine maîtrise s'ajoutent des facteurs exogènes tels que les niveaux des taux d'intérêt, de la prime de risque et de la prime d'illiquidité globales des marchés, sur lesquels l'entreprise n'a aucune influence.

---

3. Leslie Boni et Kent Womack, « Wall Street's Credibility Problem : misaligned Incentives and Dubious Fixes », *Brookings-Wharton paper on Financial Services,* 2002.
4. Leslie Boni et Kent Womack, « Analysts, Industries and Price momentum », *Woking paper,* University of New Mexico, mars 2003.

L'importance de la part prise par les rémunérations dites incitatives des dirigeants dans leur rémunération totale, et notamment l'attribution de stock options dont le principe était louable puisque la motivation des stock options était de réconcilier les intérêts des dirigeants avec ceux des actionnaires, a eu in fine des effets très pervers. Ces effets pervers étaient ceux d'une grande tentation pour les dirigeants de manipuler les résultats des sociétés qu'ils dirigeaient. S'ajoutait l'impression d'un enrichissement sans cause, du fait que leur attribution dépendait des performances boursières absolues et non relatives des sociétés et du fait de la très forte hausse boursière dans les années 1995-2000. Il eut été préférable de ne faire dépendre l'attribution de stock options que des performances hors effets exogènes, tels que la baisse des taux d'intérêt et des primes de risque intervenus au cours des années 1990, comme l'ont suggéré Jacquillat et Beaumont[5], voire même de privilégier d'autres modes incitatifs de rémunération plus appropriés comme le suggèrent Hall et Murphy[6].

• La situation d'oligopole dans laquelle se trouvent à la fois les cabinets d'audit (seulement quatre mondiaux) et les agences de notation (deux, voire trois, seulement dans le monde) est-elle judicieuse et soutenable ?

Si l'on prend l'exemple des grandes sociétés françaises qui estiment ne pouvoir faire appel pour auditer leurs comptes qu'a des sociétés d'audit internationales, parce qu'elles sont elles-mêmes des sociétés mondiales, les quatre grands cabinets d'origine anglo-saxonne devraient avoir 50 % du marché de l'audit de ces sociétés, du fait de la règle française du double commissariat aux comptes. Cette situation est-elle tenable ? Et si un autre scandale du type Enron en faisait disparaître un des quatre ?

Chaney et Philipich[7] montrent l'importance de la réputation des firmes d'audit dans la valorisation des sociétés cotées en bourse. Selon eux, la décision d'Arthur Andersen de faire disparaître les documents de travail de leur audit auprès d'Enron, a eu pour conséquence non seulement la chute brutale et très

---

5. Bertrand Jacquillat et Daniel Beaumont, « De la création de richesse à la mesure de la valeur », *Chroniques Économiques*, SEDEIS, tome 45, 15 juillet 1996.
6. Brian J. Hall et Kevin J. Murphy, « The Trouble with stock options », *The Journal of Economic Perspectives*, été 2003.
7. Paul Chaney et Kirk L. Philipich, « Shredded reputation : the case of audit failure », *Journal of Accounting Research*, vol. 40, N° 4, septembre 2002.

importante des cours de cette société, mais aussi des actions de toutes les sociétés auditées par Arthur Andersen (par rapport à celles auditées par d'autres cabinets). La destruction de valeur a été en moyenne de 30 millions de dollars par société auditée par Arthur Andersen. N'est-ce pas dans une certaine mesure par une absence de véritable concurrence entre quelques auditeurs mondiaux seulement, que tous ont subi des revers, certes plus réduits que celui d'Arthur Andersen avec Enron, qui affectent peu ou prou la valeur de toutes les sociétés par le biais d'une confiance écornée dans les professionnels du chiffre ?

• Les banques d'affaires connaissent-elles des conflits d'intérêts ? Leur rôle et leur importance seront-ils amenés à évoluer dans l'avenir ?

La plupart des banques d'affaires font partie d'institutions financières plus vastes, pour lesquelles dans ces périodes de vaches maigres, elles constituent un foyer de non-profits sinon de pertes, malgré les efforts de restructuration entrepris depuis trois ans.

Les entreprises industrielles et commerciales ayant des difficultés au niveau de leurs crédits n'obtiennent-elles pas des financements de ces établissements financiers avec pour contrepartie la promesse d'accorder des mandats de fusion/acquisition à la banque d'affaire de ces établissements financiers auprès desquels elles sollicitent des lignes de crédit, lorsque les dites sociétés feront de telles opérations ? Le phénomène a une double conséquence, celui de mandats tournants entre banques d'affaires et celui d'un conflit d'intérêt. Quel intérêt la banque d'affaire servira-t-elle en de telles circonstances : son client société et ses actionnaires ou les créances de l'institution bancaire à laquelle elle appartient ?

• Les procédures d'introduction en bourse sont-elles à revoir ? Les sociétés de capital risque jouent-elles un rôle de certification vis à vis des entreprises dans lesquelles elles ont investi et qu'elles introduisent en bourse ou bien sont-elles en conflit d'intérêt ?

Les actionnaires d'une société ont à leur disposition trois procédures principales pour introduire leurs titres en bourse, apparues chronologiquement dans cet ordre sur le marché français : l'offre à prix minimal, l'offre à prix ferme et l'offre avec placement garanti. La première, spécifiquement française, était l'unique mode d'introduction des titres d'une société en bourse jusqu'au début des années 1990[8]. L'offre à prix minimal et l'offre à prix ferme impliquaient une assistance bancaire assez limitée, le processus dans les deux cas étant géré de façon anonyme, essentiellement par ce qui est devenu Euronext. Avec les privatisations notamment, les banques d'affaires et surtout les banques d'affaires anglo-saxonnes ont convaincu les candidats à l'introduction en bourse de choisir la modalité de l'offre de titres avec placement garanti, par laquelle un syndicat de placement bancaire prend en main l'ensemble du processus administratif, financier et de placement des titres, moyennant une rémunération pouvant représenter jusqu'à 7 % de la valeur des titres placés. La garantie du placement ôte certes une épine du pied et un souci aux actionnaires cédants, mais à quel prix ? Au-delà du prix explicite que l'on vient d'évoquer, il y a le prix implicite de la garantie (qui à notre connaissance n'a jamais eu à jouer lors d'une introduction en bourse), lequel se manifeste par une sous évaluation plus marquée des titres lors de ce type d'introduction en bourse par rapport aux deux autres procédures. Ainsi, selon Derrien[9], la rentabilité pour l'investisseur du placement en titres de sociétés introduites en bourse, dans la mesure où l'investisseur en aurait obtenu, serait dans les dix jours de bourse suivant la date d'introduction de 9,63 % pour l'offre à prix minimal, 12,99 % pour l'offre à prix ferme et 19,03 % pour l'offre à placement garanti.

Cette dernière procédure est donc explicitement et implicitement plus coûteuse que les deux autres, sans compter qu'étant assez opaque et tout sauf anonyme, elle donne lieu éventuellement à des comportements répréhensibles.

Les banquiers introducteurs du syndicat de placement allouent prioritairement une partie non négligeable des titres de la société qu'ils introduisent auprès des cadres dirigeants d'autres sociétés auprès desquelles elles espèrent obtenir ultérieurement des mandats de fusions-acquisitions. C'est ce qui ressort du procès en cours de Franck Quattrone, banquier d'affaires star de Credit Suisse First Borton dans le domaine des sociétés technologiques de la Silicon Valley, qui se serait livré à de telles pratiques entre 1995 et 2000.

Il sera intéressant de suivre le projet d'introduction en bourse de Google en 2004, qui envisage de recourir à un système d'enchères sur son propre site, semblable à la procédure de placement à prix minimal.

---

8. John G.Mc Donald et Bertrand Jacquillat, « Pricing of initial equity issues : the French sealed-bid auction », *Journal of Business*, janvier 1974.
9. François Derrien, « Trois essais sur les introductions en bourse », Thèse de doctorat, HEC, 2002.

Par ailleurs, les spécialistes se sont interrogés sur l'incidence de la structure de l'actionnariat sur les performances boursières des titres introduits en bourse et le phénomène de sous évaluation, certes nécessaire pour attirer de nouveaux investisseurs à condition d'être limitée pour protéger les intérêts des actionnaires vendeurs, et notamment lors de la présence dans le capital de la société avant son introduction en bourse d'une ou plusieurs sociétés de capital risque et capital développement, du fait de conflits d'intérêts de ces derniers en tant qu'actionnaires vendeurs avec les nouveaux actionnaires acheteurs à l'occasion de l'introduction en bourse. Selon Masulis et Xi Li[10], il n'en est rien, au contraire : les introductions en bourse de sociétés dans lesquelles une partie du capital est détenu et vendu par une société de capital risque ou de capital développement le sont avec une sous évaluation moindre qu'en l'absence de telles sociétés dans le capital de la société qui s'introduit en bourse.

• Davantage de réglementation ramènerait-elle la confiance, et si oui sous quelle forme ? Par exemple l'interdiction des ventes à découvert d'actions serait-elle une mesure salutaire susceptible d'empêcher l'apparition de nouvelles bulles boursières ? La loi Sabarnes-Oxley de 2002 a-t-elle eu des effets que l'on peut déjà mesurer sur les pratiques du gouvernement d'entreprise ?

• Les « hedge funds » jouent-ils un rôle déstabilisateur et manipulent-ils les cours en bourse des entreprises, comme d'aucuns le prétendent ?

Mais deux points sont à évoquer à titre conclusif. L'un concerne l'état de la gouvernance d'entreprise aux États-Unis, l'autre celui du danger d'une certaine uniformité des modalités et des règles de gouvernance des entreprises.

Holstrom et Kaplan[11] relativisent les accusations portées au système de gouvernance américain des entreprises en essayant de répondre à la question suivante : est-il bien exact que le système US de gouvernement d'entreprise a été aussi médiocre qu'on a bien voulu le dire ? Autrement dit, est-ce que quelques mauvais arbres ne masquent pas une forêt florissante ? Sans vouloir en inférer un lien de cause à effet, ils font observer que quel que soit le début

---

10. Ronald W. Masulis et Xi Li, « Venture Capital Investment by IPO underwriters : Certification or Conflict of Interest », *Research paper*, Vanderbilt University, juillet 2003.
11. Steve Kaplan et Bengt Holstrom « The Status of US Corporate Governance : what's right and what's wrong ? », *Working paper* N°185, University of Chicago, mars 2003.

de la date d'observation (1982, 1987, 1992, 1997, 2001), les performances boursières globales en termes de taux de rentabilité obtenus par les investisseurs jusqu'en 2003 sur le marché américain ont été supérieures à celles des pays d'Europe ou des pays de la zone Pacifique. Il en a été de même pour les taux de croissance réels par habitant du produit intérieur brut pour toutes les périodes.

Enfin on peut se poser la question de savoir s'il existe un système de gouvernement d'entreprise pour « toutes les saisons ».

Le système de gouvernement d'entreprise peut-il être le même pour des entreprises naissantes ou petites et pour des entreprises parvenues à maturité ?

A l'évidence, la réponse à cette question est négative, ne serait-ce que du fait des modes de financement différenciés tout au long du développement de l'entreprise. En général, la propriété et le contrôle va du fondateur, de sa famille et de ses amis aux « business angels », puis aux sociétés de capital risque, à d'autre sociétés et à un actionnariat dispersé quand l'entreprise fait appel au marché financier. Chacune de ces entités exerce une forme différente de contrôle et de gouvernement d'entreprise.

Trop de réglementation, qui dans une certaine mesure pourrait redonner confiance dans les marchés financiers et les entreprises, entraînerait nécessairement une uniformisation des modalités de gouvernement des entreprises, ce qui nuirait à un souci légitime de flexibilité

Telles sont les questions sur lesquelles se sont penchés universitaires et acteurs des marchés financiers depuis 2000 et auxquelles nous n'avons pas toutes les réponses. La première partie de cet ouvrage essaie de répondre à certaines d'entre elles qui seront posées à l'occasion du débat Euronext / Cercle des économistes. Le débat est animé par quelques journalistes réputés, dont le rôle dans certains aspects de la gouvernance des entreprises a été par ailleurs analysé. Selon Dyck et Zingales [12], les médias jouent un rôle de contre pouvoir vis à vis d'un système réglementaire et législatif insuffisant en matière de droit

---

12. Alexandra Dyck et Luigi Zingales, « The Corporate Governance role of the media », *Working paper* N°184, George J. Stigler Center for the Study of the Economy and the State, University of Chicago, juillet 2002.

des sociétés, et reflètent davantage les valeurs sociétales de leur environnement. Les médias feraient pression sur les entreprises pour qu'elles consacrent davantage de ressources à la défense de l'environnement, la protection des actionnaires minoritaires et des autres parties prenantes à l'entreprise que les actionnaires. Mais cette recherche occulte le rôle qu'aurait pu jouer la presse spécifiquement financière dans l'alimentation de la bulle boursière.

La seconde partie de l'ouvrage rassemble et synthétise les chroniques Economiques présentées quotidiennement sur Radio Classique par les membres du Cercle des Économistes en 2002/2003.

Bons débats et bonne lecture !

I

PEUT-ON FAIRE CONFIANCE
AUX MARCHÉS FINANCIERS ?

Patrick Artus

Comment sauver le marché des actions européen ?

Les marchés actions, surtout européens, sont menacés par la variabilité trop grande des cours, qui décourage à la fois les investisseurs et les entreprises. Cela pourrait conduire à un recul progressif de la part des actions dans les financements et dans les portefeuilles. L'Europe continentale souffre d'une liquidité insuffisante, due en partie à l'absence d'investisseurs réguliers en actions. Il faut aussi éviter la déconnexion entre l'économie réelle et le marché actions qui vient de ce que ce marché ne sert plus au financement des entreprises. Cela est le cas depuis le début des années 80 aux États-Unis, depuis 2001 en Europe. Un marché sans rôle dans le financement de l'économie et avec une forte volatilité n'a pas d'utilité sociale : il ne finance pas l'accumulation de capital et n'assure plus la liquidité des actifs financiers.

Bien sûr, un marché financier a d'autres fonctions importantes que nous n'ignorons pas, mais qui ne sont pas au cœur de notre argumentation : donner de l'information aux agents économiques sur la situation des entreprises, mesurer la valeur des actifs et des dettes…

Problématique : un marché menacé

Les marchés européens des actions sont menacés. D'une part, les investisseurs institutionnels et les épargnants de base sont découragés par la variabilité des cours, qui apparente plus ces marchés à un « casino » qu'à un marché de financement du capital des entreprises représentant leur profitabilité future. Les graphiques 1a et 1b montrent que depuis la fin de 2001, la variabilité (quotidienne) est plus élevée en Europe continentale qu'aux État-Unis ou au Royaume-Uni. Les nouvelles normes IAS, en généralisant le mark-to-market, risquent de décourager la détention des actifs dont le prix est trop variable.

Graphique 1a
Volatilité quotidienne des cours (sur 3 mois)

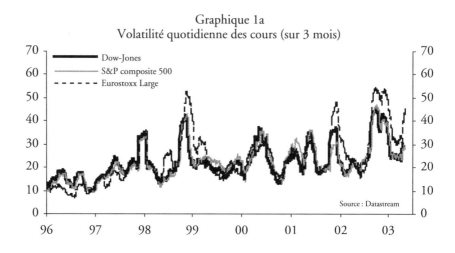

Graphique 1b
Volatilité quotidienne des cours (sur 3 mois)

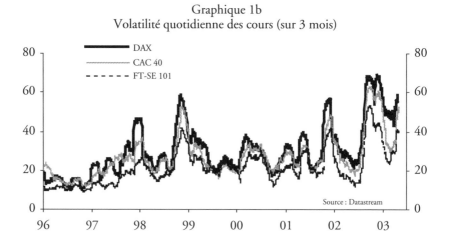

D'autre part, les entreprises sont de plus en plus réticentes à voir la valeur de leurs propres actions (qui servent aussi à la rémunération des salariés) ou de leurs participations, fluctuer continûment de manière violente sans rapport avec leur activité ou leurs perspectives.

Elles pourraient progressivement choisir de se financer davantage avec d'autres actifs : obligations corporate (dont le marché est plus développé aux États-Unis qu'en Europe, graphique 2), private equity, ou de ré-intermédier leurs financements.

Le marché des actions n'a même plus, pour les entreprises, l'avantage d'offrir un coût du capital bas, puisque les investisseurs, après le recul boursier, exigent maintenant des dividendes plus élevés, qui, avec la baisse des cours, ont fait monter le coût du capital levé en actions (graphiques 3a/3b). Cet argument doit cependant être précisé dans deux directions. D'une part, le coût du capital est égal normalement au rendement exigé du capital qui a été très élevé de 1996 à 2000 au contraire du ratio dividendes / cours. Cependant, notre argument consiste à dire que pour les dirigeants des entreprises, le fait de payer les dividendes faibles, les actionnaires étant rémunérés par la hausse des cours, est très favorable puisque le prélèvement sur les cash flows liés aux investissements était faible.

D'autre part, la hausse du coût du capital, levé en actions, depuis 2001, vient aussi de la hausse des primes de risque, liée à celle de l'aversion pour le risque, qui est probablement un phénomène transitoire.

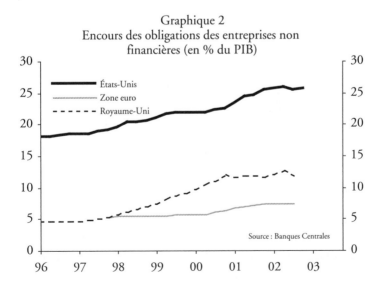

Graphique 2
Encours des obligations des entreprises non financières (en % du PIB)

Source : Banques Centrales

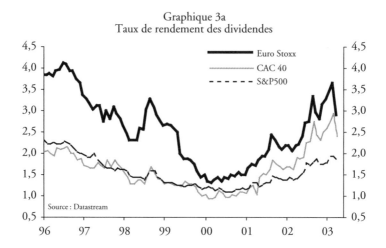

Graphique 3a
Taux de rendement des dividendes

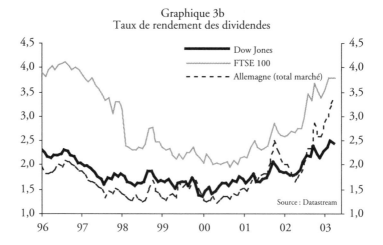

Graphique 3b
Taux de rendement des dividendes

La variabilité excessive et la décorrélation des cours boursiers par rapport aux variables fondamentales des entreprises font peser une menace sur le développement des marchés boursiers européens.

Recherchons quelques pistes pour remédier à cette situation.

Accroître la liquidité des marchés boursiers

Le signe que la liquidité est faible est que de petits excès d'offre ou de demande ex ante provoquent de fortes variations des cours d'équilibre. Dans la période récente, la disparition dans la zone euro des investisseurs institutionnels a laissé les marchés dans les mains des arbitragistes, des hedge funds, des traders, qui ont des objectifs à court terme, ne se soucient pas des fondamentaux et surtout n'apportent pas d'alimentation régulière aux marchés.

Les transactions quotidiennes ont beaucoup baissé surtout dans la zone euro (graphiques 4a et 4b). En revanche, dans la période récente, aux États-Unis ou dans les autres pays où les fonds de pension sont de grande taille (Royaume-Uni, Suède, Pays-Bas...), les cotisations nouvelles à ces fonds de pension sont partiellement investies en actions. La recapitalisation des fonds en prestations définies des entreprises aux États-Unis amène, aussi, des ressources nouvelles au marché actions.

Cela explique sans doute la bien meilleure résistance des indices dans les pays anglo-saxons qu'en Europe continentale (graphiques 5a/5b).

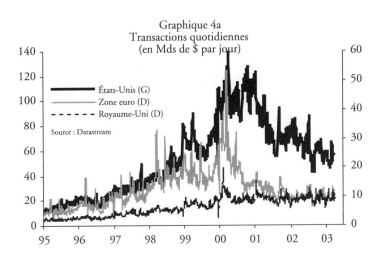

Graphique 4a
Transactions quotidiennes
(en Mds de $ par jour)

États-Unis (G)
Zone euro (D)
Royaume-Uni (D)

Source : Datastream

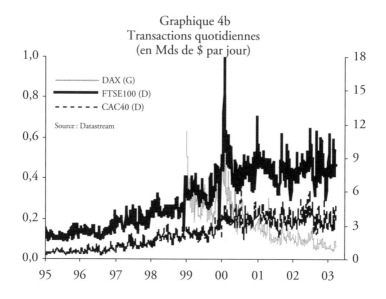

Graphique 4b
Transactions quotidiennes
(en Mds de $ par jour)

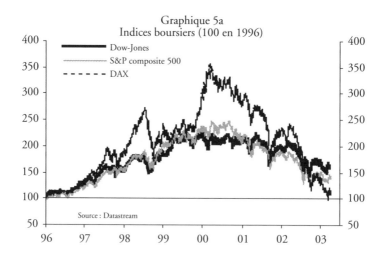

Graphique 5a
Indices boursiers (100 en 1996)

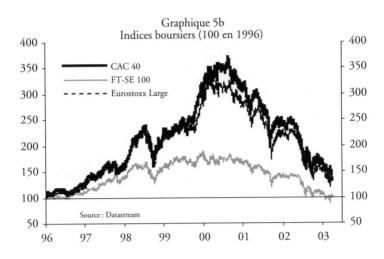

Graphique 5b
Indices boursiers (100 en 1996)

La présence d'investisseurs réguliers en actions est nécessaire pour assurer la liquidité du marché, sans laquelle l'excès de volatilité découragera les épargnants et les entreprises.

Rendre aux marchés actions leur rôle dans le financement des entreprises

Si un marché d'actions sert uniquement de support à la spéculation, ses prix fluctuent en fonction des mouvements de l'offre, et son utilité est réduite (il se limite par exemple, ce qui n'est pas négligeable, à la transmission de l'information). Un marché financier sert normalement à financer les investissements des entreprises. Cette fonction a été remplie brièvement en Europe, de 1999 à 2001 (graphiques 6a et 6b), mais à la fin de 2001, les émissions nettes disparaissent dans la zone euro.

Depuis 1984, il y a pratiquement continûment des rachats d'actions aux États-Unis. Le tableau 1 montre que le nombre d'introductions s'est effondré en 2001 et 2002 (graphique 7). Si la capitalisation boursière est importante, surtout dans les pays anglo-saxons, cela n'est pas dû aux émissions d'actions mais à l'évolution des indices.

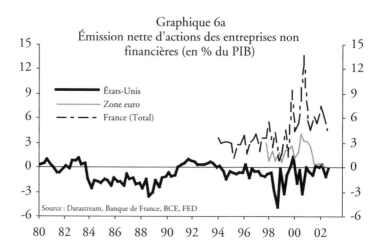

Graphique 6a
Émission nette d'actions des entreprises non financières (en % du PIB)

États-Unis
Zone euro
France (Total)

Source : Datastream, Banque de France, BCE, FED

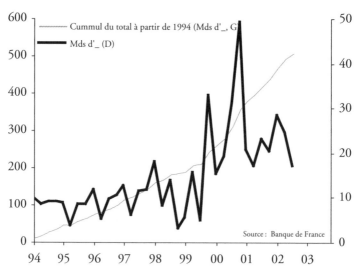

Graphique 6b
France : émissions nettes d'actions

Cummul du total à partir de 1994 (Mds d'_, G
Mds d'_ (D)

Source : Banque de France

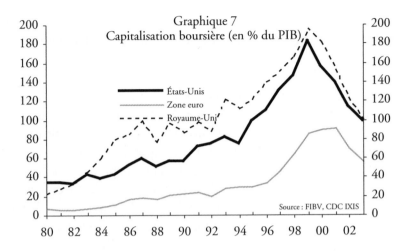

Graphique 7
Capitalisation boursière (en % du PIB)

États-Unis
Zone euro
Royaume-Uni

Source : FIBV, CDC IXIS

Tableau 1
Nombre d'introductions en bourse

	Nombre	Montant (millions de $)
États-Unis		
2000	444	100 079,28
2001	101	43 152,31
2002	168	41 127,75
Royaume-Uni		
2000	239	7 856,33
2001	82	7 057,55
2002	61	2 939,74
France		
2000	127	113 360,89
2001	52	12 161,62
2002	24	2 589,74
Allemagne		
2000	37	15 422,39
2001	13	2 452,76
2002	7	161,67
Italie		
2000	42	6 062,84
2001	17	3 472,19
2002	6	960,71
Espagne		
2000	5	7 189,83
2001	2	2 606,10
2002	1	617,10

Le graphique 8 montre que le rapport capitalisation / cours, indicateur du nombre d'actions, a stagné depuis le début des années 90 dans les pays anglo-saxons.

Depuis vingt ans, aux États-Unis, à l'exception des périodes de récession, les entreprises ont racheté leurs actions sur le marché. Les rachats d'actions avaient, surtout aux États-Unis, une multiplicité de motifs : accroître le résultat par actions, alors que la profitabilité intrinsèque des entreprises diminuait depuis 1998 avec la forte hausse des coûts salariaux ; augmenter l'effet de levier, avec la conviction que la rentabilité du capital était devenue très forte avec la nouvelle économie ; rémunérer les actionnaires en plus-values et en dividendes, la taxation des gains en capital étant plus favorable aux États-Unis (jusqu'à ce que la réforme récente entre en œuvre) que celle des dividendes.

Cela est particulièrement clair sur la période 1998-2000, où les rachats d'actions sont utilisés pour soutenir le bénéfice par action alors que les profits « économiques » reculent (graphique 9).

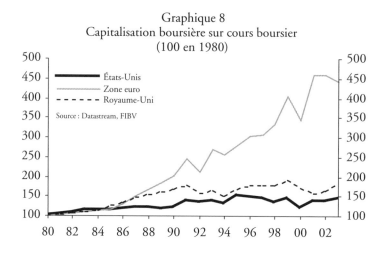

Graphique 8
Capitalisation boursière sur cours boursier
(100 en 1980)

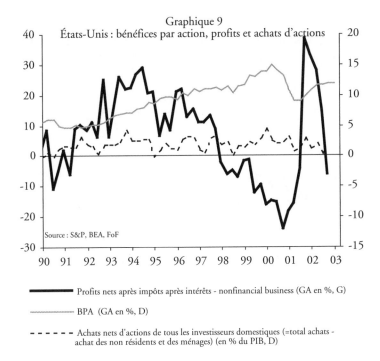

Graphique 9
États-Unis : bénéfices par action, profits et achats d'actions

Source : S&P, BEA, FoF

▬▬▬ Profits nets après impôts après intérêts - nonfinancial business (GA en %, G)

⋯⋯⋯ BPA (GA en %, D)

– – – – – Achats nets d'actions de tous les investisseurs domestiques (=total achats - achat des non résidents et des ménages) (en % du PIB, D)

Sans lien entre le marché actions et le financement des entreprises, il est normal que les cours boursiers se décorrellent des fondamentaux liés à la rentabilité du capital des entreprises.

Il est clair que, dans un marché où la demande pour un actif spéculatif, dont l'offre est fixée, dirige les prix, ceux-ci n'ont plus de lien avec la rentabilité du sous-jacent théorique. Cela explique probablement les écarts entre la rentabilité des actions et le rendement du capital à la fin des années 90. D'autres tentatives de rationalisation de cet écart entre rentabilité des actions et rendement du capital sont apparues, par exemple le fait que la croissance de long terme de l'économie, et donc des résultats, s'était accrue avec les investissements en nouvelles technologies. Cependant, même si des croyances (irréalistes) ont joué un rôle, la dynamique de « bulle » résulte bien de prises de position spéculatives à court terme l'emportant sur les investissements à horizon long.

Le graphique 10 montre un rendement des actions de 20 à 40 % par an de 1996 à 1999, alors que la rentabilité effective recule aussi bien aux États-Unis qu'en Europe (graphique 11).

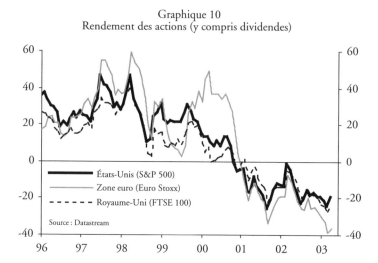

Graphique 10
Rendement des actions (y compris dividendes)

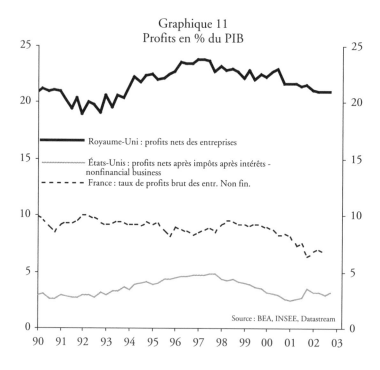

Graphique 11
Profits en % du PIB

Jusqu'en 2000, le marché actions européen a affectivement servi au financement des entreprises, ce qui n'est plus le cas depuis longtemps pour le marché américain. Mais ce rôle de financement de l'économie, même en Europe, a disparu depuis 2001, avec un effondrement des introductions en bourse et des émissions nettes.

La situation des marchés boursiers américains, où, malgré le niveau très élevé des cours, les entreprises n'ont pas utilisé les actions pour financer les investissements, est clairement anormale.

Le danger est qu'une situation « à l'américaine » se développe en Europe avec une disparition du marché actions comme source de financement du capital.

Synthèse : vers un monde sans marchés d'actions ?

Si la liquidité n'est pas accrue, par l'intervention d'investisseurs réguliers ayant des horizons longs et des ressources continues à investir et si le lien entre la valeur des actions et la rentabilité du capital n'est pas rétabli par un rôle plus grand des actions dans le financement des investissements, le marché des actions deviendra un marché casino fictif, que délaisseront épargnants et entreprises.

On peut très bien envisager que les fonds propres des entreprises ne viennent que du private equity ou de familles, et leurs financements proviennent des banques et du développement, surtout en Europe, du marché des obligations corporate.

Michel Didier

Le marché boursier joue un rôle important dans le financement des investissements

La baisse des cours boursiers, l'arrêt des émissions d'actions, le retrait de la cote de plusieurs valeurs (delisting) et le sauvetage nécessaire du nouveau marché peuvent suggérer un déclin du rôle de la bourse dans le financement de l'investissement. Le point de vue exposé ici est que le marché boursier a suivi le cycle économique et qu'il a donc réagi à la phase baissière exceptionnelle de 2000-2003 notamment par un arrêt des émissions et des introductions de nouvelles sociétés, mais que fondamentalement il se porte bien et continuera à jouer un rôle important dans le financement des investissements et de la croissance économique. On rappelle d'abord le rôle des institutions financières et des marchés boursiers dans l'économie puis on examine la place du marché boursier français dans le financement des investissements productifs.

1. Un bref aperçu du rôle des marchés boursiers dans l'économie

La théorie économique enseigne que les instruments, les marchés et les institutions financières naissent et se développent en raison de l'existence de coûts d'information et de transaction. Selon l'analyse classique de Ross Levine, les fonctions du système financier comprennent notamment la négociation des risques, l'allocation du capital, le contrôle des dirigeants et les échanges de contrats financiers.

En présence de coûts d'information et de transaction, les marchés et les institutions financières se développent pour échanger, couvrir ou limiter les risques, en particulier le risque de liquidité. Il existe un lien évident entre le degré de liquidité et le développement économique. D'un côté, certains projets à rendement élevé mais à longue durée de réalisation nécessitent un engagement de capital à long terme. De l'autre, les épargnants n'aiment pas perdre le contrôle de leur épargne pour une période trop longue. Si le système financier n'assure pas une liquidité suffisante des investissements à long terme, il y a des chances que l'investissement productif soit trop faible dans les projets à haut rendement. En assurant une certaine liquidité pour les épargnants, les marchés financiers et principalement les marchés boursiers facilitent ainsi le rapprochement entre le besoin de capitaux et l'offre d'épargne. Les marchés facilitent en outre la diversification du risque et permettent ainsi qu'une partie des portefeuilles soient affectés à des projets plus risqués et à rendement supérieur.

Il n'est pas douteux par exemple que les marchés boursiers ont joué un rôle essentiel dans le développement de la nouvelle économie. Ce rôle a été direct par les introductions au Nasdaq ou aux autres marchés analogues, indirect en permettant aux capitaux risqueurs de trouver une sortie à leurs investissements. La crise financière qui a suivi la bulle technologique corrige des excès mais elle n'efface pas les progrès économiques et techniques qui ont été accomplis et qui se traduisent aux États-Unis par la persistance de gains de productivité très élevés.

Un autre rôle des institutions financières est de permettre une appréciation des firmes. Il est en effet difficile et coûteux d'évaluer les firmes, les dirigeants et les conditions de marché. Les épargnants individuels n'ont ni le temps ni la capacité de collecter l'information nécessaire. C'est le rôle des analystes de marché de le faire. Il est en outre coûteux pour les investisseurs extérieurs à un projet de vérifier le rendement de ce projet. Les responsables du projet (insiders) ont des incitations à fausser les rendements du projet pour attirer les capitaux. Si les coûts de vérification sont élevés pour ceux qui sont extérieurs au projet (les outsiders), le contrat optimal entre les outsiders et les insiders est un contrat de dette assorti d'une prime de risque qui rémunère l'incertitude sur la « qualité » du projet. Si des tiers fiables (institutions financières, analystes) peuvent exercer cette fonction pour les épargnants les marchés boursiers peuvent se développer. Il n'est donc pas surprenant que la perte de confiance dans ces tiers ait conduit à la fois à une augmentation des primes de risque sur les dettes et à une contraction des marchés boursiers. Il est vrai que lorsque la moitié de 4 630 sociétés du Nasdaq ne sont suivies par aucun analyste, une fonction des marchés boursiers n'est remplie que très incomplètement.

Plusieurs auteurs ont cherché à apprécier s'il existe une relation entre l'état de développement du système financier et le taux de croissance économique. En utilisant des données sur trente-cinq pays de 1860 à 1963, Goldsmith montre qu'une telle relation existe à long terme (pour les références de ces travaux, on se reportera à l'article de Ross Levine dans le *Journal of Economic Litterature*, vol. XXXV, juin 1997, pp. 688-726). King et Levine étudient quatre-vingts pays sur la période 1960-1989 en contrôlant systématiquement les paramètres autres que le système financier susceptibles d'influencer la croissance économique. Levine et Sara Zervos étudient la relation entre le degré de liquidité du marché des actions et le taux de croissance économique, le taux d'accumulation du capital et le rythme du progrès technique. L'objectif est de mesurer le degré avec lequel les agents peuvent négocier à coût faible, rapidement et en toute confiance des droits de propriété sur une part importante de l'économie. Dans l'ensemble, ces études empiriques fondées sur des comparaisons internationales concluent à l'existence d'une corrélation positive mais n'établissent pas une causalité permettant d'affirmer avec certitude par exemple qu'une plus grande diffusion des actions dans le public entraînerait un taux de croissance économique plus élevé.

2. Qu'en est-il de la réalité en France ?

Le rôle des marchés boursiers dans l'équilibre du bilan des sociétés non financières peut être apprécié en France à partir des comptes de patrimoine de ces sociétés (publiés dans la comptabilité nationale). Il y a un quart de siècle en 1977, le total des actifs non financiers (pour l'essentiel le capital productif immobilisé) s'élevait à 435 milliards d'euros. Au passif du bilan, les actions cotées représentaient 16 milliards d'euros soit 4 % du montant des immobilisations. Cette part a été en forte croissance depuis. Elle a augmenté jusqu'à 15 % en 1990 et a même atteint 59 % en 2000 au pic des cours boursiers. Elle a évidemment fortement reculé avec la baisse des cours pour revenir à 31 % en 2002 et sans doute un peu moins en 2003. Si l'on admet, ce qui paraît vraisemblable, que les cours sont revenus actuellement à un niveau « normal » par rapport à la situation économique, la tendance à long terme de la part du financement boursier dans le total de l'actif productif est donc nettement croissante, comme le montre le graphique suivant : quelques pour cent à la fin des années 1970, 15 % en 1990, de l'ordre de 30 % actuellement (après le dégonflement de la bulle boursière).

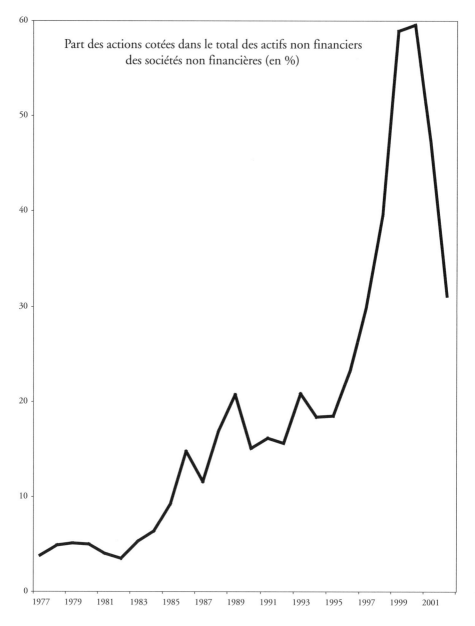

Part des actions cotées dans le total des actifs non financiers des sociétés non financières (en %)

Source : Comptabilité nationale, comptes de parimoine (en encours)

© REXECODE

Il est aussi intéressant d'examiner le tableau de financement des sociétés non financières en flux annuels (et non en stocks), en faisant donc abstraction des plus et moins-values liées aux fluctuations des cours pour s'en tenir à l'équilibre annuel des flux d'entrées et de sorties des créances et des dettes. En 2002, dernière année connue, l'investissement des sociétés non financières s'est élevé à 151 milliards d'euros. Près de 85 % de ce montant ont été couverts par l'autofinancement des sociétés. Les entreprises ont en outre accumulé 119 milliards d'actifs financiers. Le montant à financer a donc été de 270 milliards d'euros. Les financements de marché (émissions d'actions cotées, d'obligations et de titres négociables) n'ont compté pour pratiquement rien dans le total du financement de l'accumulation d'actifs (physiques et financiers). Celui-ci a été intégralement assuré par l'autofinancement, le crédit hors marché et les actions non cotées. Le rôle des actions non cotées doit toutefois être relativisé dans la mesure où en contrepartie de 70 milliards de financement au passif on trouve 65 milliards d'accumulation d'actions non cotées à l'actif des sociétés. Il est probable qu'il s'agit là d'opérations de soutien financier apporté par les mères à leurs filiales.

Tableau de financement
des entreprises non financières françaises

	1995	1998	2000	2002
1. Emplois				
Investissement productif	110	122	149	151
Variation d'actifs financiers	66	72	303	119
Total	176	199	452	270
2. Ressources				
Épargne (autofinancement)	103	122	122	127
Crédit	33	20	99	43
Actions non cotées	19	29	10	70
Actions cotées	10	14	107	-1
Titres (hors actions)	-4	1	39	0
Divers	15	13	75	26
Total	176	199	452	270

Source : comptes nationaux

On aurait tort de tirer argument de ces observations pour conclure à une disparition du rôle de la bourse. L'année 2002 est une année exceptionnelle qui a vu à la fois une crise de confiance majeure dans les comptes des sociétés, la préparation d'un conflit international et une conjoncture économique très médiocre, tout comme l'année 2000 avait été exceptionnelle dans l'autre sens avec un excès de confiance et une croyance exagérée dans une économie nouvelle. Il faut donc prendre du recul et examiner les tendances plus longues. On constate que la structure du financement des entreprises est cyclique. Dans les phases d'expansion économique, le besoin de financement externe augmente fortement et la bourse joue un rôle significatif dans l'essor de l'investissement. Dans les phases de stagnation ou de contraction économique, l'investissement recule, les entreprises diminuent leur financement externe et privilégient le crédit par rapport aux financements de marché. Il n'est pas surprenant qu'elles suspendent temporairement les appels au marché auxquels les investisseurs ne souscriraient pas.

Nous venons de traverser une période boursière exceptionnelle par ses excès à la hausse puis par la brutalité de ses corrections. Il serait erroné de prolonger pour l'avenir un point bas du cycle économique et financier, particulièrement défavorable aux actifs risqués, et de conclure à un recul durable du rôle des marchés boursiers. L'année 2003 montre que le déroulement du cycle financier se déroule déjà de façon beaucoup plus favorable. Après la crise de confiance et la correction des excès boursiers de l'été 2000 à l'été 2002, le cycle financier a traversé toutes les étapes successives vers un retour à la normale. Les spreads de taux sur les obligations des entreprises se sont réduits, les cours boursiers sont remontés, les émissions ont commencé à reprendre et les offres d'achat d'entreprises et les fusions-acquisitions réapparaissent. La fin de la période de stress financier autorise le début d'un cycle réel et un réveil de l'investissement productif. Nul doute que les investisseurs répondront progressivement présents et que le marché boursier retrouvera un rôle significatif et tendanciellement croissant dans le financement des investissements. Les analyses précédentes suggèrent même plutôt de renforcer les politiques économiques visant à développer le rôle des marchés boursiers.

Michel Aglietta

La régulation prudentielle en Europe :
un chantier mal engagé

Doutes sur le modèle de la banque universelle

Au cours de l'année 2002 le résultat net combiné des grandes banques américaines a progressé de 30%, celui des grandes banques européennes a baissé du même pourcentage. Cette contre-performance est certes plombée par la débâcle des banques allemandes. Mais elle n'est pas exceptionnelle. L'année 2001 montre une progression de 28% des banques américaines et toujours une baisse de près de 30% des banques européennes, si l'on s'en tient à la zone euro. Seules les banques du Royaume-Uni tirent leur épingle du jeu avec un résultat étale en 2001, suivi d'une baisse de 10% en 2002. Les banques françaises exhibent une baisse de 20% chacune des deux années.

Ce sont les provisions pour risque et l'effondrement des revenus autres que les intérêts qui expliquent surtout ces résultats. Les différences à l'intérieur de l'Europe livrent des enseignements clairs. Plus les banques ont un réseau de détail solide, plus elles tirent leur épingle du jeu. Plus elles recherchent l'inté-gration des métiers de la finance dans un modèle universel, plus elles prennent de risques dans les pays émergents, plus elles subissent de lourdes pertes.

Une étude plus longue et plus complète du FMI avec un échantillon plus large a comparé l'ensemble des banques américaines et des banques européennes de 1995 à 2001. Les enseignements sont spectaculaires. Les banques américaines sont systématiquement plus profitables, mieux capitalisées, moins risquées.

Pour noircir encore le panorama, on peut remarquer que les compagnies d'assurances ne sont pas en reste, surtout si elles cumulent les risques de la réassurance, de gros portefeuilles actions et de la vente de protection aux banques américaines contre le risque de crédit. Allianz, Munich Re, Aegon, Fortis ont été particulièrement atteintes.

Ces performances désastreuses prennent à contre-pied la méthode par laquelle la Commission européenne cherche à coups de directives à fabriquer un système financier intégré. L'encouragement à constituer des banques universelles et des conglomérats financiers par concentration a été le premier axe. Effacer les frontières internes dans la finance en associant la banque commerciale, l'assurance et la banque d'affaires pour réduire la dépendance vis-à-vis des revenus tirés de la marge d'intérêts, a été présenté comme une stratégie gagnante. Diversifier géographiquement les risques vers les pays émergents et avant tout accroître les volumes d'affaires, pour étaler les coûts des surcapacités chroniques des banques européennes, en a été le corrélat.

Ce processus de concentration conglomérale dirigé par les banques prolonge le principe de systèmes financiers à prépondérance bancaire dans le cadre de la libéralisation financière. L'idée essentielle est celle de *la transformation des risques*. Banques et compagnies d'assurances ont en commun de vendre des garanties à des agents non financiers contre des risques que ces agents ne veulent ou ne peuvent assumer : la liquidité, les revenus futurs au-delà de la vie active, les ressources en cas de sinistres ou de problèmes de santé. Cette logique implique une mutualisation des risques parmi les intermédiaires qui en assument la transformation. Lorsque les banques commerciales étaient séparées des marchés financiers au sein de systèmes nationaux, la mutualisation procédait par des arrangements de place sous la surveillance de l'État et avec le soutien du prêteur en dernier ressort.

L'interdépendance des marchés financiers opérant à l'intérieur de groupes financiers issus de la concentration conglomérale oblige ces groupes à assumer les garanties au passif avec un actif fragilisé par la combinaison des risques de marché et de crédit. Dans ce contexte les banques ont cherché leur salut dans des fusions et acquisitions nationales. Le syndrome « too big to fail » en a été renforcé par le souci des gouvernements de protéger leurs champions nationaux. Cela incite les gouvernements à adopter une attitude de tolérance et à se détourner d'une supervision effective, chaque fois qu'ils sont confrontés à des banques insolvables (Crédit lyonnais en France, Banesto en Espagne par exemple).

La situation pourrait empirer si les difficultés financières actuelles conduisent à la fuite en avant dans une superconcentration visant à créer des banques paneuropéennes. Les conflits d'intérêts entre les gouvernements seraient exacerbés en cas de défaut dans un pays de branches ou de filiales de banques dont les maisons mères sont dans d'autres pays. De plus la formation de banques géantes en rapport avec le système financier européen mettrait cruellement en évidence l'absence d'un niveau européen de supervision. Des dysfonctionnements tels que les surenchères provoquées par les différences de réglementation entre les catégories d'institutions financières, au sein d'un même conglomérat, la contagion intra-groupe, les risques cachés dans les véhicules non réglementés, la non-transparence des pratiques managériales, n'ont pas de réponse dans les dispositifs prudentiels actuels. Consciente de la montée des problèmes, la Commission a proposé récemment une directive pour une supervision consolidée des conglomérats financiers. Mais cette proposition ne questionne pas sa compatibilité avec le morcellement institutionnel et géographique du cadre prudentiel dans la zone euro.

Or la trajectoire européenne n'est pas la seule manière d'organiser la globalisation financière. La logique anglo-saxonne du *transfert des risques* par les marchés (via la titrisation et la cession à grande échelle des risques de crédit) vise à limiter tant que faire se peut la transformation au sein du système financier. Il s'agit de faire porter *in fine* le risque par les agents économiques. C'est le cas du développement des plans de retraite à cotisations définies, de la substitution à la réassurance de titres liés à des événements catastrophiques et proposés aux épargnants via les fonds communs de placements, de la limitation stricte de l'assurance des dépôts. Cependant un tel système soumet les banques à la fluctuation des prix de marché, en même temps qu'il offre une vaste gamme de moyens de transférer les risques. Il en découle la possibilité de comportements homogènes de rejet du risque par les banques et par les autres agents financiers. La tentative de chacun de se débarrasser du risque provoque des boucles de rétro-action qui exacerbent les fluctuations des prix des actifs financiers. Cette volatilité brusquement amplifiée peut détruire la confiance des épargnants.

Il s'ensuit que des conditions prudentielles très strictes sont requises dans un système de transferts de risque. D'un côté la supervision bancaire doit être profondément repensée pour empêcher que les opportunités de transferts de risque n'incitent les banques à dégrader la qualité de l'évaluation des crédits et à recourir à des effets de levier excessifs. D'un autre côté, la banque centrale doit être attentive aux mouvements procycliques des fluctuations des prix des actifs financiers et du crédit, lesquels conduisent à des risques corrélés qui rendent les transferts de risque inopérants. Les débats récents sur la réforme de la réglementation et de la supervision bancaire conduite à Bâle, ainsi que son adoption par les autorités européennes, en contraste marqué avec le refus américain de l'appliquer à plus d'une dizaine de banques, doivent être examinés vis-à-vis des principes concurrents de l'allocation des risques.

Contestations de la réforme prudentielle des banques

Un système financier ne peut pas bien fonctionner si les banques ne sont pas solides et profitables. Une vaste réforme a été engagée sous l'égide du Comité des gouverneurs de banques centrales, dit comité de Bâle, pour englober la prévention des risques dans un seul nombre : le ratio du capital requis aux actifs pondérés des risques. Le pari consiste à penser que la réponse à tous les dysfonctionnements de la finance se trouve dans la couverture individuelle des risques de toutes natures par du capital.

Le ratio appelé Bâle II repose sur des hypothèses très lourdes quant au rôle des agences de notation, dont le fiasco dans les crises financières des années 1990 a été notoire, et quant à la confiance que l'on peut accorder aux modèles internes d'évaluation des risques utilisés par les banques. Toutefois l'intention des régulateurs de Bâle est de n'appliquer cette approche qu'à quelques grandes banques d'envergure mondiale. Seule l'Europe, qui ne s'est dotée d'aucune capacité d'action collective dans le domaine prudentiel, s'est engagée à appliquer la réforme à toutes les banques. En effet, l'Europe, dans ce domaine comme dans les autres dimensions de la politique économique, est le champ des intérêts particuliers qui se légitiment eux-mêmes au nom de la subsidiarité. Aucune politique commune autre que la politique monétaire n'étant capable de s'imposer à la chasse gardée des égoïsmes nationaux, la seule manière de répondre au besoin d'unification est d'adopter rigidement des règles définies ailleurs. Il en est ainsi des normes comptables internationales IAS comme de la norme Bâle II. Comme cette dernière va engager la régulation des systèmes bancaires en Europe, il importe d'en comprendre la signification générale et de porter attention aux critiques. Cela permettra d'observer que d'autres solutions sont possibles, dont certaines sont mises en œuvre aux États-Unis depuis dix ans.

Bâle et ses critiques

Le nouvel accord de Bâle sur le capital soulève deux critiques fondamentales. D'une part, il n'est pas neutre à l'égard des deux types de systèmes financiers que sont la transformation et la mutualisation des risques d'un côté, le transfert de risque de l'autre. Mettant l'accès sur la couverture individuelle des risques par le capital, il va créer des distorsions de concurrence en faveur du second système. D'autre part, il néglige l'endogénéité des risques bancaires avec un effet potentiellement désastreux sur la procyclicité des comportements de crédit. Il va probablement accentuer le cycle financier au lieu de l'amortir.

Contrairement à l'ancien ratio de capital, le nouvel accord traite les risques de manière plus fine, englobe tous les types de risque (de crédit, de marché, opérationnels), accueille les modèles internes d'évaluation utilisés par les banques, pondère les actifs selon une formule qui prend en compte la probabilité de défaut sur les différentes classes de crédit et la perte engendrée par le défaut. Cette approche dite interne simple, qui sera utilisée par la plupart des banques, s'appuie sur la probabilité de défaut des différents types de crédit fournis par les banques. Elle incorpore cette variable dans une fonction de pondération des actifs dont découle l'exigence des fonds propres réglementaires. Mais l'hypothèse demeure selon laquelle le risque est un jeu contre la nature. Les facteurs de risque sont supposés être exogènes au comportement bancaire. Approximation tolérable dans les périodes paisibles, cette hypothèse est erronée en temps de stress. On peut d'ailleurs soutenir que l'uniformisation que va entraîner l'utilisation du même modèle statistique à l'évaluation du risque de crédit (aggravée par le recours aux notations de marché fournies par trois agences se copiant mutuellement !) va considérablement aggraver les phases d'expansion et de contraction du crédit.

La procyclicité, qui allège sensiblement les exigences de capital dans les phases euphoriques de hausse du prix des actifs et les alourdit fortement dans les phases dépressives, est accentuée par la conjonction du modèle Value-at-Risk et des normes IAS. Les secondes, en insistant sur l'évaluation des actifs bancaires à la valeur de marché, forceront les banques à vendre à la baisse pour satisfaire les contraintes réglementaires. Ce comportement rigide, qui est induit par le ratio de capital exigé, perturbe la liquidité des marchés des actifs si l'ensemble des banques se trouve du côté vendeur. En retour, le surgissement du risque de liquidité, qui est endogène par nature, déboussole complètement le modèle Value-at-Risk de mesure du risque et crédit.

Si la procyclicité est une caractéristique évidente de la réforme Bâle II, les distorsions de concurrence sont plus insidieuses. Elles vont d'abord s'exercer au détriment des banques européennes qui seront toutes soumises à la nouvelle réglementation, contrairement au reste du monde où elle ne frappera que les banques réputées internationales. Ces distorsions sont ainsi inscrites dans la philosophie même du ratio de capital qui favorise systématiquement le modèle anglo-saxon de transfert des risques bancaires. La distorsion la plus nette est le traitement désavantageux du crédit aux PME vis-à-vis du crédit aux ménages.

Il attaque de front le modèle allemand de mutualisation des risques par les banques de Länder. Au sein même du crédit aux ménages, le Comité de Bâle favorise systématiquement la méthode anglo-saxonne de titrisation (Asset-backed securities), surtout dans le domaine du logement et du crédit revolving, à l'encontre de la méthode européenne des garanties physiques pour le crédit à l'habitat (cautionnement) et le crédit-bail. Pourtant ces garanties réduisent la perte en cas de défaut. Si donc le modèle anglo-saxon acquiert une prépondérance, elle ne devra rien à une meilleure efficacité, mais tout à des règles uniformisatrices dans une incapacité des régulateurs de Bâle à tenir compte de la diversité des systèmes financiers. Cependant d'autres choix sont possibles pour surmonter les défauts de Bâle II.

Les solutions alternatives

Une proposition consiste à amender les pondérations des risques et à prendre en compte spécifiquement le risque endogène pour combattre l'orientation procyclique du ratio de capital. On peut aussi tirer de la réponse américaine aux crises bancaires des années 1980 par la promulgation d'une législation prudentielle (FDICIA) des arguments pour une démarche plus ambitieuse. Cette démarche renverse la relation entre réglementation et supervision dans le sens d'une prépondérance de la supervision. Le ratio de capital requis éliminerait toute pondération des risques et serait couvert par l'émission de dettes subordonnées.

La proposition pour combattre le danger procyclique du risque endogène vient de la LSE sous l'impulsion de Charles Goodhart. Selon cette proposition, le capital requis serait composé de trois tranches. La première tranche conserve la méthodologie de la pondération des risques à partir de l'estimation interne des banques. Cette estimation devrait être approuvée par les régulateurs sur la base d'une inspection rigoureuse des modèles internes. La supervision devrait se préoccuper particulièrement des effets de levier et des risques de discordance d'échéances et de devises. La seconde tranche serait fondée sur l'adéquation des estimations par les banques avec les risques effectivement constatés. Des banques qui investissent dans des actifs plus risqués, mais qui ont prouvé leur compétence à les évaluer, auraient à constituer moins de capital que des banques qui investissent dans des actifs moins risqués, mais qui ont de mauvaises capacités d'estimation des risques. Cette seconde tranche vise donc à fournir une incitation à l'excellence dans la gestion du risque. Enfin la troisième tranche serait délibérément contra-cyclique. Répondant à un risque systémique, elle serait uniforme pour toutes les banques : *une provision en capital pendant la phase montante du cycle pour constituer un amortisseur pendant la phase descendante.* La position dans le cycle, sur laquelle cette provision supplémentaire serait indexée, serait mesurée à partir des indicateurs conjoncturels habituels, ou bien à partir de l'écart entre l'évolution du ratio crédit/PIB relativement à une moyenne de long terme (indicateur mis en évidence par la BRI).

La proposition américaine émane d'un groupe de réformateurs animé par les promoteurs de FDICIA, George Benston et George Kaufman. FDICIA est une loi, adoptée en 1991, qui fournit un cadre général et une légitimité renforcée à la supervision. A l'encontre des attitudes de tolérance, qui ont été si coûteuses en Europe dans les années 1990 et aux États-Unis dans les années 1980, *FDICIA a pour caractéristique cruciale l'obligation de recourir à l'action corrective précoce.* Le degré de rigueur dans l'intervention des régulateurs dépend du montant de capital provisionné par les banques. Plus le capital est mince par rapport à l'exposition au risque, plus les superviseurs sont tenus d'imposer aux banques concernées des conduites visant à réduire le risque et à augmenter le capital. La contrainte est donc progressive et non pas fondée sur un seul seuil de ratio minimum. Elle s'accompagne d'une assurance des dépôts restructurée dans un sens restrictif pour les investisseurs institutionnels qui sont incités à surveiller eux-mêmes les banques.

Les prolongements de FDICIA envisagés par le groupe comprennent les orientations suivantes : recours le plus possible à la valeur de marché pour calculer le capital économique ; responsabilité des banques de définir leur montant de capital souhaitable sous la contrainte de l'action corrective précoce ; encouragement aux banques (obligation pour les grandes banques) de financer ce capital requis par émission de dettes subordonnées ; divulgation complète et régulière de la situation financière pour donner les moyens aux détenteurs des dettes subordonnées de surveiller les banques. Ce schéma abolit la pondération des risques. L'actif à risque est idéalement la valeur de marché de tous les titres et créances au bilan et de tous les contrats hors bilan. La régulation est la combinaison de trois dispositifs : un ratio de capital adéquat au style de gouvernance et à la capacité de maîtrise des risques propre à chaque banque ; un superviseur public équipé pour faire respecter l'action correctrice précoce exigée par la loi ; une discipline de marché induite par l'existence de dettes subordonnées.

Énoncer ces conditions c'est esquisser l'antisystème par rapport à ce qui existe en Europe.

Apories du cadre institutionnel de la régulation prudentielle en Europe

Le dispositif institutionnel européen de régulation prudentielle est caractérisé par deux mots : la *subsidiarité* et *l'ambiguïté.* La subsidiarité s'applique à la supervision des institutions financières, y compris des banques, qui est sous la responsabilité d'organismes publics nationaux opérant selon des doctrines disparates et sans coopération systématique et institutionnalisée. L'ambiguïté règne dans la prévention du risque systémique et la gestion des crises financières, à tel point que le traité de Maastricht se refuse à identifier le prêteur en dernier ressort. Dans l'esprit qui a présidé à la construction européenne depuis l'origine, *le trop-plein de règles rigides remplit le vide de l'action collective.* Une conséquence importante de cette misère politique est le retard perpétuel des institutions prudentielles derrière les avancées des marchés.

Le plus remarquable est l'extraordinaire autosatisfaction du Conseil ECOFIN à l'égard de la supervision prudentielle en vigueur. En dépit des résultats catastrophiques des banques européennes rappelés plus haut, qui reproduisent les erreurs faites il y a vingt ans (crise de la dette du Tiers-Monde) et il y a dix ans (crise immobilière), ECOFIN affirme que tout va bien ! Dans les circonstances présentes et avec la mémoire de déconfitures bancaires dont les répercussions judiciaires ne sont pas encore closes, il est permis d'avoir un point de vue différent.

La subsidiarité ne peut fonctionner sans coopération

La Commission européenne feint de croire que l'on peut réguler les banques comme n'importe quel marché de biens et services. Le maître mot est : « reconnaissance mutuelle ». Appliquée à la supervision bancaire, cela conduit au contrôle par l'organisme du pays d'origine d'un groupe financier, assorti de l'harmonisation des ratios de capital et des règles de protection du consommateur. Il s'ensuit que l'espace géographique de la supervision bancaire est déconnecté de celui de la politique monétaire. Dans un marché financier intégré où opèrent des banques à envergure transnationale, *il est clair que la supervision est dans l'incapacité de pratiquer l'action corrective précoce.* Les superviseurs nationaux n'en ont ni la légitimité ni l'information adéquate en temps réel.

Le minimum requis pour améliorer significativement la supervision est une coopération multilatérale étroite et permanente des superviseurs bancaires nationaux. Ce sont les antipodes de ce qui existe aujourd'hui où chaque superviseur joue à dissimuler l'information à ses collègues par peur de nuire à « ses » banques. Le simulacre de coopération multilatérale est tenu par un groupe de contact (créé en 1972) qui se réunit trois fois dans l'année ! Il a été supplanté par un Comité européen de supervision bancaire, instance sans moyen technique propre et sans capacité de décision. La dispersion des organes de responsabilité dans la supervision est aggravée par l'hétérogénéité des agencements nationaux dans chaque pays entre le Trésor, la banque centrale, les agences indépendantes.

Le changement institutionnel minimal en Europe si l'on tient à sauvegarder la subsidiarité, est une structure à deux niveaux. *Une agence européenne de supervision*, collaborant étroitement avec la BCE, *est indispensable*. Organisme de coordination de l'activité des superviseurs nationaux, elle devrait être flanquée de deux organes techniques sous son autorité : *une agence pour la transparence et un observatoire du risque systémique.*

L'agence pour la transparence aurait pour fonction de s'assurer que la divulgation de l'information sur les risques par les banques a la même qualité dans toute l'Europe. Elle doit donc dépendre de l'agence européenne de supervision qui aurait autorité sur les superviseurs nationaux dans ce domaine. Cette création institutionnelle prendrait toute son importance dans la perspective d'émission de dettes subordonnées par les banques pour rendre la discipline de marché plus efficace.

Le prêteur en dernier ressort européen est indispensable à l'endiguement du risque systémique

A l'heure actuelle la gestion du risque systémique en Europe est handicapée par la complexité des rapports entre les multiples instances concernées : les superviseurs nationaux qui n'ont pas tous les mêmes doctrines et les mêmes responsabilités, les banques centrales nationales, la banque centrale européenne, les gouvernements nationaux dont les responsabilités financières sont engagées en cas de crise. Pour couronner le tout, ces relations se nouent dans l'ambiguïté et sont empreintes d'arrière-pensées.

L'intégration des marchés financiers implique de conduire des interventions en dernier ressort dans plus d'une circonstance : une fuite massive vers la qualité provoquée par une détérioration des conditions financières ; une menace de faillite d'une grande banque ou de faillites multiples capables de provoquer une panique dans les systèmes de paiements ou les marchés de titres ; un effondrement dans des marchés dérivés par insuffisance de contreparties, entraînant la propagation de la quête de la liquidité vers d'autres marchés par plusieurs processus (appels de marge, engagements garantis, effondrement des valeurs collatérales, couverture dynamique, etc.). Dans ces circonstances la responsabilité de la BCE ne doit jamais être mise en doute sous peine de panique généralisée. Pour agir dans l'urgence, la BCE doit pouvoir compter sur des informations permettant de détecter l'existence d'un risque systémique en temps réel. La décision éventuelle d'intervenir dépend du conseil de la BCE. L'exécution peut être déléguée à une banque centrale nationale selon la nature du foyer de crise.

L'intervention en dernier ressort est l'action de banque centrale qui requiert la mobilisation du maximum d'information en un minimum de temps. C'est en cette circonstance que le réseau de communication, qui fait la qualité de la régulation prudentielle, est mis à l'épreuve. On a déjà indiqué qu'il est crucial de construire un système de supervision à deux niveaux. L'organe de communication indispensable à la BCE pour diagnostiquer le risque systémique est un observatoire déjà mentionné. Un tel observatoire devrait être capable de traiter l'information produite dans les centres financiers et transmise par les superviseurs nationaux. Il pourrait estimer les expositions consolidées des principaux intermédiaires financiers internationaux qui opèrent dans les marchés interconnectés.

Le casse-tête des restructurations bancaires face à la subsidiarité budgétaire

La résolution des problèmes des banques dont la solvabilité est douteuse est la composante du système prudentiel la plus vulnérable à l'intégration. On a déjà montré que la prévention de l'insolvabilité par l'action corrective précoce est étrangère au comportement des superviseurs nationaux qui sont tolérants aux pertes des banques. La recapitalisation des banques en faillite rencontre aussi l'obstacle de la subsidiarité. Car elle engage toujours des fonds publics. Parce qu'il est impossible de lever des fonds au niveau européen et que la coopération est inexistante dans le domaine budgétaire, seuls les gouvernements nationaux peuvent décider d'utiliser des fonds budgétaires pour restructurer les banques. Cela ne peut marcher que si les pertes sur les opérations transfrontières sont petites par rapport à celles qui sont réalisées dans le pays d'origine. C'est pourquoi les gouvernements des grands pays ont découragé les fusions transnationales. Mais cela ne fonctionne pas pour les petits pays qui ont de grandes banques internationales. Qui doit faire la recapitalisation si le problème se pose dans une de ces banques ?

C'est un argument mis en avant par la BCE pour plaider en faveur du renforcement des pouvoirs du Comité européen de supervision bancaire sous son autorité. Cet argument peut certainement être soutenu puisque le modèle de la banque universelle prôné en Europe et l'approfondissement de l'intégration des marchés financiers vont inciter les banques à entreprendre des fusions transnationales. Les mécanismes de transfert de risque de crédit qui mettent les banques et les non-banques en réseau vont dans le même sens.

Ces évolutions rejoignent le problème macroéconomique auquel l'UEM est le plus vulnérable. Les gouvernements nationaux se sont infligé l'emprisonnement dans un corset budgétaire qui les rend incapables de réagir à la phase dépressive du cycle financier. Or les forces déflationnistes déclenchées par la restructuration des dettes privées ne peuvent être endiguées que par la dépense d'un emprunteur en dernier ressort souverain.

Au-delà du système prudentiel, la banque centrale et le problème de la confiance

Les marchés financiers ont pris une place prépondérante dans la formation des équilibres macroéconomiques. Ils influencent, en effet les décisions des agents non financiers par de multiples canaux. Certains sont directs et bien connus. L'effet de richesse influence la demande des ménages, soit directement, soit en faisant varier leur capacité à emprunter. Le ratio des fonds propres aux dettes dans la structure du passif des entreprises agit sur le coût d'acquisition des fonds externes. Il se trouve ainsi à l'origine d'un accélérateur financier qui amplifie l'incidence des ventes anticipées sur l'investissement. D'autres canaux résultent de l'hybridation récente des banques et des marchés, via l'utilisation des modèles d'évaluation du risque de crédit à l'aide de la valeur de marché des actifs des emprunteurs et via les transferts de risque entre les banques et les non-banques.

Toutes ces relations sont procycliques. Elles soumettent les fluctuations de l'économie globale aux variations des prix de marché des actifs financiers, avec des effets de rétroaction des variations de la richesse des ménages, des profits des entreprises et de la qualité des prêts bancaires sur ces mêmes prix d'actifs. Or la formation des prix sur les marchés financiers procède d'une logique d'opinion publique. C'est celle de la confiance qui est auto-référentielle : ce que « pense le marché » est une croyance résultant de l'interaction des participants qui tous recherchent ce que va être cette croyance. Un tel processus est logiquement indéterminé, en ce qu'il peut admettre une infinité de solutions. C'est pourquoi les croyances de marché laissées à leur propre errance sont versatiles. Elles peuvent notamment être emportées par des vagues successives d'euphorie et d'abattement. Aussi comme l'histoire des cycles économiques ponctués de crises financières l'enseigne à l'époque de l'âge classique du capitalisme, des économies industrielles mues par les marchés financiers sont vulnérables aux fluctuations de la confiance.

Il revient aux banques centrales de fournir des solutions continues à ce jeu de la confiance, en évitant autant que faire se peut les ruptures de croyance qui provoquent des effets dévastateurs sur la richesse sociale. Cela implique un *aggiornamento* drastique de la politique monétaire par rapport à la doctrine de la crédibilité anti-inflationniste héritée des années 1980. La banque centrale doit se préoccuper de la gestion des risques globaux, à partir d'une évaluation continue des situations de stress qui pourraient dégrader la confiance des marchés financiers. La banque centrale cherche donc à communiquer aux marchés financiers une représentation du futur, assortie d'une balance des risques pour expliquer les raisons de ses interventions éventuelles. Ce faisant, elle déploie une stratégie de la confiance en cherchant à éviter ou à corriger la dissonance entre la vision du futur qu'elle annonce et la polarisation des anticipations des acteurs financiers sur la croyance de marché.

On saisit le gouffre théorique entre la problématique de la crédibilité héritée de la haute inflation et celle de la confiance dans le contexte de la basse inflation. La problématique de la crédibilité était fondée sur un jeu de dupes. Les agents privés étaient censés connaître parfaitement la trajectoire de long terme de l'économie ; ce qui leur permettait de « punir » la banque centrale lorsqu'elle cherchait à créer de l'inflation surprise pour stimuler l'économie à court terme. Au contraire, dans le jeu de la confiance, les agents des marchés financiers n'ont pas de vision du futur prédéterminée. Ils se tournent vers la banque centrale pour en espérer une référence qui ancre la croyance résultant de la réflexivité du marché.

Comme le savent tous ceux qui connaissent un tant soit peu les banques centrales, le jeu de dupes n'a jamais eu la moindre pertinence pratique. Mais en faire encore la base de la doctrine monétaire dans l'environnement actuel confine à l'absurde. On sait que l'inflation n'est plus du tout l'indicateur synthétique avancé des tensions macroéconomiques. En revanche, les déséquilibres financiers sont étroitement liés aux fluctuations des prix des actifs et ont un impact macroéconomique. Ces déséquilibres ne restent plus confinés dans les banques, mais peuvent être disséminés dans la totalité du système financier. Cela augmente la robustesse des agents financiers à l'exposition au risque, mais peut créer des maillons faibles dans les chaînes de transmission du risque. C'est pourquoi les banques centrales doivent être attentives à la liquidité des marchés financiers interdépendants. Cette responsabilité englobe la fonction du prêteur en dernier ressort dans la politique monétaire, comme la Réserve fédérale l'a illustré à plusieurs reprises. En Europe, la BCE doit affirmer un leadership sur la finance et modifier sa doctrine pour jouer la stratégie de la confiance. Elle doit aussi pouvoir compter sur un renforcement du système prudentiel pour désamorcer les situations de crise.

BIBLIOGRAPHIE.

M. Aglietta, L. Scialom, « The Challenge of European Integration for Prudential Policy », *FMG Special Paper*, London School of Economics, juillet 2003.
Basel Committee on Banking Supervision, *A New Capital Adequacy Framework*, BIS.
M. Bezard, D. Garabiol et V. Mac Carrol, « Les Biais concurrentiels de la réforme de Bâle », *Banque Magazine*, n°642, p. 42-46, décembre 1999.
C. Borio, « Towards a Macro-prudential Framework for Financial Supervision and Regulation », CESIFO Summer Institute Workshop, Venice, juillet 2002.
C. Borio, C. Furfine et P. Lowe, « Procyclicality of the Financial Systemand Financial Stability : issues and policy options », in *Marrying the macro and micro-prudential dimensions of financial stability*, *BIS Papers*, n°1, mars 2001.
J. Danielsson, P. Embrechts, C. Goodhart, C. Keating, F. Muennich, O. Renault et H.S. Shin, « An Academic Respose to Basel II », *FMG Special Paper*, n°130, London School of Economics, 2001.
C. Goodhart, « Basel and procyclicality », in *Bumps on the Road to Basel II*, SUERF/CSFI, London, janvier 2002.
C. Goodhart, « The Organizational Structure of Banking Supervision », *FSI Occasional Papers*, n°1, 2000.
G. Kaufman ed, *FDICIA : Bank Reform Five Years Later and Five Years Ahead*, JAI Press, Greenwich, Connecticut, 1997.
D. Llewellyn, « The Optimal Regulatory Environment », in *Banking Supervision at the Crossroads*, Nederlandsche Bank Conference, avril 2002.
F. Mishkin, « Prudential Supervision : why is it important and what are the issues ? », NBER *Working Paper*, n°7926, septembre 2000.
X. Vives, « Restructuring Financial Regulation » in EMU, *Journal of Financial Services Research*, vol. 19, n°1.

Catherine Lubochinsky

Le marché financier actions est-il un bon allocateur de ressources pour l'investissement?

Cette question est indissociable de celle de l'efficience des marchés dans sa triple dimension : l'efficience opérationnelle, l'efficience informationnelle et l'efficience allocative. Si l'efficience opérationnelle s'améliore régulièrement grâce aux progrès technologiques, les deux autres formes d'efficience donnent lieu à de nombreux débats qui en soulignent les limites. En particulier, l'efficience informationnelle (ajustement instantané des prix, à un bruit blanc près, à toute information nouvelle), préalable à toute efficience allocative (orientation de l'épargne vers les opportunités d'investissement les plus productives), est largement remise en cause par la finance comportementale.

En termes empiriques, cette question se réfère à l'existence, ou non, d'une discrimination dans l'allocation des fonds vers des titres dont l'entreprise a une rentabilité plus forte au détriment de ceux dont l'entreprise enregistre une rentabilité plus faible. L'épargne s'oriente-t-elle vers les opportunités d'investissement les plus productives? Si la réponse est affirmative, alors la valeur des actions dont le Return on Equity (rendement sur fonds propres) est le plus élevé doit augmenter relativement plus que celle des autres.

L'efficience informationnelle : condition nécessaire mais non suffisante

Afin d'orienter l'épargne vers les entreprises les plus productives, les investisseurs doivent disposer d'informations sur la rentabilité future des projets d'investissement de ces entreprises. Si le marché actions est efficient, le cours des titres (valeur actualisée des flux futurs) doit refléter leur valeur fondamentale et donc toute l'information disponible…Outre les problèmes théoriques soulevés (tel le paradoxe du « no-trade » de Grossman & Stiglitz), les études empiriques révèlent que l'efficience informationnelle des marchés actions est loin d'être toujours vérifiée !

Au delà des nombreuses inefficiences ponctuelles telles que l'effet week-end, l'effet janvier, l'effet introduction dans un indice, la sur ou sous-réaction des titres (De Bondt & Thaler 1985, Cutler, Poterba & Summers, 1989, 1991)[1], il existe un certain nombre d'inefficiences durables qui remettent plus fondamentalement en cause le contenu informationnel du cours des titres. En effet, en période de bulle spéculative, les prix des actions sont déconnectés de leur valeur fondamentale mais continuent de varier simplement parce que les anticipations des investisseurs sont extrapolatives (Stiglitz 1990). La fin des années quatre-vingt dix est, à cet égard, exemplaire.

Par ailleurs, des problèmes de principal-agent et de gouvernance d'entreprise faussent également les signaux émis par le prix des actions. Ainsi, par exemple, en cas de sous-évaluation des titres, les dirigeants de firmes très dépendantes du financement par actions vont hésiter à investir car émettre des actions dans un tel environnement ne leur paraît pas rationnel, même s'il existe un projet d'investissement a priori rentable. Inversement, quand les titres sont sur-évalués, les incitations à émettre des actions sont fortes, quel que soit le projet d'investissement (ce qui explique parfois les vagues de Fusions & Acquisistions dans ces périodes). De plus, dans la mesure où les dirigeants favorisent les actionnaires actuels au détriment des actionnaires futurs, il apparaît un effet de sélection adverse puisqu'ils vont émettre des actions quand elles leur paraissent sur-évaluées, quel que soit le projet d'investissement. Ou encore, en cas de vision à court terme, des distorsions dans les stratégies d'investissement apparaissent, en particulier quand il y a des risques d'OPA ou lors de préparation d'émission de nouvelles actions (Stein 2003) : les dirigeants sont incités à faire monter artificiellement le cours des actions.

---

1. Pour Fama (1998), les inefficiences ponctuelles sont tellement nombreuses que cela ne fait que relever du hasard, donc confirmer le processus de marche aléatoire des cours… et ainsi l'efficience globale !

Enfin, pour que les investisseurs allouent leurs fonds dans les secteurs les plus rentables, l'information quant aux stratégies des firmes doit être publique. Or il existe une asymétrie d'information indéniable, comme par exemple pour les entreprises où la Recherche & Développement est une composante importante de leur viabilité à long terme (l'accès à l'information sur les programmes de recherche est limité et leurs résultats sont incertains). Cette asymétrie est amplifiée par la remise en cause de la fiabilité des comptes des entreprises (voir Enron ou FNMA) qui, conjuguée à celle de la fiabilité des recommandations des analystes, contribue à accroître l'incertitude sur la valeur fondamentale des actifs.

Dans ces conditions, peut-on accepter l'hypothèse d'efficience informationnelle du marché actions ? Les nombreux travaux empiriques cherchant à tester le degré d'efficience doivent être interprétés avec prudence puisqu'ils s'effectuent dans le cadre de tests joints de l'efficience et d'un modèle de détermination du prix des actifs. Cependant, d'après la synthèse réalisée par Fama (1998), ces travaux, dans leur ensemble, permettent de conclure à une efficience faible, voire semi-forte des marchés (mais pas une efficience forte).
Peut-on également mettre en évidence une certaine forme d'efficience allocative ?

Efficience allocative

L'efficience allocative du marché actions peut se concevoir sous deux angles différents : soit en comparant l'efficacité relative des banques et des marchés, soit en étudiant les flux relatifs sur le marché actions entre différents secteurs, voire différentes entreprises.

Efficience allocative comparée des marchés et des banques

En utilisant un panel de 42 pays et 36 secteurs, Beck & Levine (2002) étudient l'impact de la structure financière sur la croissance industrielle, la création d'entreprises et l'efficience allocative quant aux flux d'investissement : en d'autres termes, un pays oriente-t-il son investissement vers les industries en croissance et l'investissement diminue-t-il pour les industries en déclin ? Les résultats obtenus révèlent que les industries dépendantes d'un financement externe ne croissent pas plus vite dans un système financier à dominante bancaire que dans un système financier à dominante marchés. Il apparaît également que le type de système n'influence pas non plus la création d'entreprises et qu'il est également neutre que ce soit pour des entreprises à forte composante Recherche & Développement ou pour des entreprises à forte intensité de main d'oeuvre. Leur conclusion est que la croissance plus rapide des industries dépendantes de financement externe se réalise dans les pays à systèmes financier et juridique développés. Ces résultats sont similaires à ceux de Wurgler (2000) obtenus sur 65 pays et 28 secteurs pour la période 1963-1995 : les pays financièrement développés augmentent l'investissement dans les industries en croissance et les réduisent dans les industries en déclin. En effet, une intégration rapide de l'information dans les prix des actions sur les marchés développés (liquides et à faibles coût de transactions) aide les investisseurs et les dirigeants à distinguer entre bons et mauvais investissements. Ceci serait particulièrement visible pour les marchés actions qui contiennent une proportion plus importante de titres à risque spécifique élevé.

En résumé, l'efficacité allocative de l'investissement semble positivement corrélée avec le contenu informationnel du cours des titres, contenu d'autant plus significatif que les marchés financiers sont développés. Qu'en est-il de cette discrimination allocative entre les différentes actions d'un marché boursier ?

Quelques éléments quant à l'efficience allocative du marché actions

Première constatation plutôt rassurante, l'évolution de l'indice CAC 40 sur les dix dernières années est globalement corrélée à l'évolution des profits (voir graphique ci-dessous), et ce malgré le décalage temporel de ces dernières années reflétant l'effet de la bulle boursière.

France : Profit macro et indice boursier

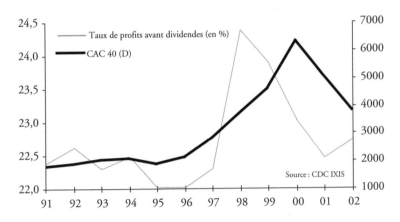

Cependant, ce graphique ne permet pas de juger de l'efficience allocative du marché actions, i.e. de la discrimination par les investisseurs entre les différents titres. Une première approche consiste à décomposer l'indice boursier en indices sectoriels, puis dans un deuxième temps à examiner les mêmes relations pour des titres individuels.

Ce genre d'exercice soulève de nombreux problèmes techniques, problèmes qui expliquent la quasi-inexistence de ce type d'études empiriques. En effet, le critère de rendement sur fonds propres, proxy du profit, n'a pas la même significativité selon les titres (« growth stocks versus value stocks ») puisque par exemple les valeurs dites de croissance sont souvent les valeurs d'entreprises ne réalisant pas de profit à court terme mais ayant des perspectives de profit à long terme (cf. les valeurs technologiques et la bulle Internet). Dans le même ordre d'idées, les firmes ont des politiques de distribution de dividendes non seulement différentes mais de plus le taux de distribution de ces dividendes peut varier dans le temps pour une même firme. La valorisation des actions à partir des dividendes futurs s'en trouve plus incertaine.

Efficience des secteurs
Les quatre graphiques suivants retracent l'évolution comparée du différentiel de rentabilité du cours des actions (hors dividende) et de celui du rendement sur fonds propres, d'un secteur donné par rapport à l'indice DJ Eurostoxx (surplus de rentabilité des cours comparé au surplus de rentabilité des fonds propres).

Quelques exemples d'écarts
entre rendement sur fonds propres et variation de cours

(source : JCFQuant, Banque de France, SEMASFI)

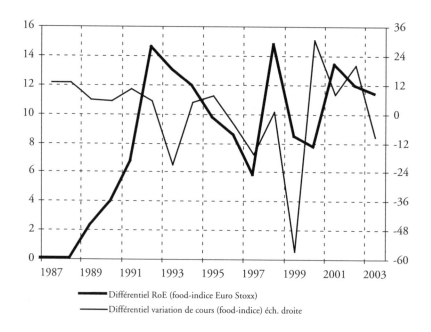

Différentiel RoE (food-indice Euro Stoxx)

Différentiel variation de cours (food-indice) éch. droite

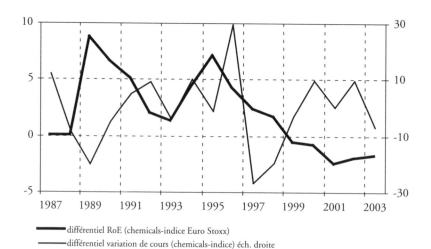

différentiel RoE (chemicals-indice Euro Stoxx)

différentiel variation de cours (chemicals-indice) éch. droite

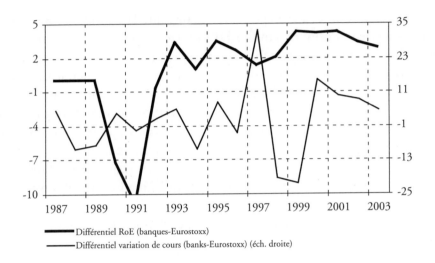

■Différentiel RoE (banques-Eurostoxx)
Différentiel variation de cours (banks-Eurostoxx) (éch. droite)

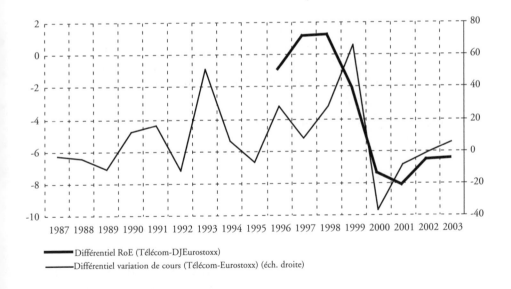

■Différentiel RoE (Télécom-DJEurostoxx)
Différentiel variation de cours (Télécom-Eurostoxx) (éch. droite)

Les résultats quant à l'efficience allocative sont mitigés : selon les secteurs, la relation entre les différentiels de rentabilité (entreprise – actions) est loin d'être toujours stable. Evidemment, ce n'est pas vraiment surprenant puisque le RoE est un résultat comptable instantané alors que la valorisation boursière résulte de l'actualisation des flux futurs.

Le secteur Food & Beverage présente sur toute la période un Return on Equity supérieur à celui de l'indice DJ Eurostoxx ; pourtant la relation n'est pas similaire en termes de rentabilité comparée des cours... Cet écart entre les deux « performances » est plus prononcé pour le secteur Chemicals dont le RoE est supérieur à celui de l'indice global (1988-1998), mais dont la rentabilité est fréquemment inférieure à celle de cet indice. Les écarts entre ces deux rendements relatifs sont encore plus importants et instables pour le secteur des Banques. Quant au secteur Telecom, certes victime de la bulle boursière mais également d'un taux d'endettement trop élevé, la relation entre RoE relatif et rentabilité relative conduit à conclure plutôt à l'inefficience allocative !

En coupe instantanée, *i. e.* pour une année donnée, les résultats sont plus encourageants. Ainsi, par exemple en 1998, le secteur Food & Beverage a obtenu le RoE le plus élevé (26,5 %) et la meilleure performance de ces titres (à l'exception du secteur Telecom).

Certes, une véritable étude de l'efficience allocative nécessiterait la prise en compte de tous les sous-secteurs et de recourir éventuellement à d'autres critères de profitabilité et d'orientation des ressources d'épargne que le RoE et la variation des cours. C'est pourquoi, ces quelques graphiques ne permettent pas de conclure directement à l'inefficience allocative du marché actions. Ils permettent seulement de constater qu'il y a des périodes et des secteurs pour lesquels l'efficacité allocative peut être sérieusement mise en doute.

Efficience sur titres individuels

Comme pour les précédents graphiques, les critères de rentabilité sur fonds propres et rentabilité du cours des actions ont été retenus. Sont donc comparées l'évolution du différentiel de RoE (action moins indice CAC 40) et celle du différentiel de rentabilité. Sont présentés ci après trois titres de caractéristiques très différentes (source : JCFQuant & BdF Semasfi) : l'Oréal, valeur classique, Eurotunnel dont les profits futurs sont certains mais à horizon éloigné, et Yahoo dont les flux futurs sont plutôt incertains.

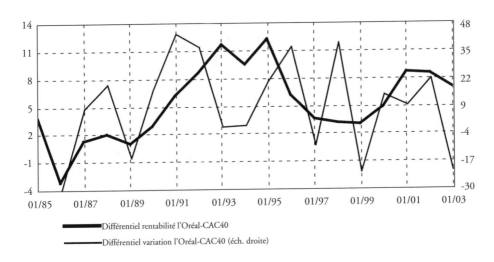

Différentiel rentabilité l'Oréal-CAC40

Différentiel variation l'Oréal-CAC40 (éch. droite)

Depuis 1987, le RoE de l'Oréal est supérieur à celui de l'indice CAC 40. Et le plus souvent, le différentiel de variation de cours est positif par rapport à l'indice. Pour ce type d'actions, l'hypothèse d'efficience allocative semble donc à peu près confortée.

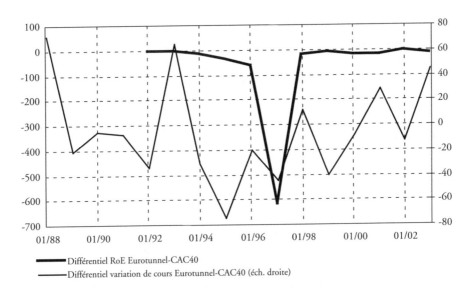

Différentiel RoE Eurotunnel-CAC40

Différentiel variation de cours Eurotunnel-CAC40 (éch. droite)

Pour Eurotunnel les deux évolutions de différentiel de rentabilité sont divergentes. Cette divergence est due à l'incompatibilité entre l'exigence de rendement à court terme de la part des investisseurs et la nature même de l'activité qui ne peut être rentable qu'à long terme.

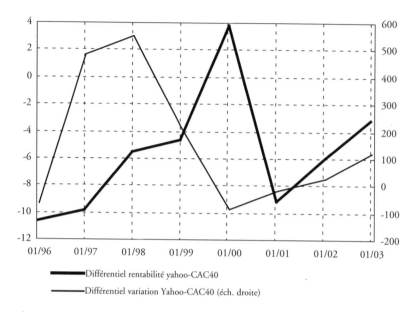

Différentiel rentabilité yahoo-CAC40

Différentiel variation Yahoo-CAC40 (éch. droite)

Enfin, le titre Yahoo, dont le RoE est sur quasiment toute la période inférieur à celui de l'indice CAC 40, enregistre une sur-performance énorme, évidemment liée à la bulle spéculative des nouvelles technologies.

La fragilité des critères retenus ne peut, encore une fois, autoriser à rejeter totalement l'hypothèse d'efficience allocative. Mais il est difficile d'être convaincu du degré élevé de cette efficience !

Conclusion

Certes, une réflexion approfondie quant à la méthodologie à retenir pour tester empiriquement l'efficience allocative du marché actions est indispensable. Néanmoins, l'approche en termes de finance comportementale permet d'avancer l'idée que le marché actions peut difficilement faire preuve d'efficience allocative. En effet, la finance comportementale remet en cause le paradigme de la rationalité (cf. Shleifer 2000) : les investisseurs ont des biais systématiques de jugement et de processus décisionnel tels que l'excès de confiance, la persévérance des croyances, l'ancrage et la comptabilité mentale. L'une des explications de cette inefficience allocative serait donc liée au comportement des investisseurs. Sans efficience informationnelle, il ne peut y avoir efficience allocative.

Ainsi, les exemples de bulles ne manquent pas (Asie, Nouvelles technologies…). Ces excès ne doivent pourtant pas masquer les effets positifs engendrés par l'essor des marchés actions : l'Asie s'est quand même développée et, de par l'afflux de capitaux sur le secteur Internet, il y a quand même eu progrès technologique (cf. Microsoft, Cisco, Intel).

L'objectif doit donc être en priorité de continuer à améliorer l'efficience informationnelle. Certains dysfonctionnement ont déjà été repérés et les régulateurs tentent d'y remédier : les professions financières sont en voie d'être régulées et la prise de conscience des problèmes de gouvernement d'entreprise, avec la mise en exergue des conflits d'intérêts, devrait permettre, entre autres, de réduire les asymétries d'information

Quoi qu'il en soit, l'efficience allocative des économistes financiers sera probablement accrue quand ces derniers auront réussi à mesurer celle du marché actions !

BIBLIOGRAPHIE

Beck T. & Levine R., « Industry growth and capital allocation : does having a market or bank based system matter ? », *Working Paper* n°8982, National Bureau of Economic Research, juin 2002.
Cutler D.M., Poterba J.M. & Summers L.H., « What moves stock prices », *Journal of Portfolio Management*, 1989, 15 (3), p. 4-12.
Cutler D.M., Poterba J.M. & Summers L.H., « Speculative Dynamics », *Review of economic Studies*, 1991, 58(3), p. 529-546.
De Bondt W.F.M. & Thaler R.H., « Does the stock Market Overreact ? » *The Journal of Finance*, 1985, vol 40, n°3, p. 793-808.
Fama E., « Market efficiency, long-term returns and behavioral finance », *Journal of Financial Economics*, 1998, n°49, p. 283-306.
Maillard L. & Savry G., « Profits macro et profits micro : déterminants et relations », CDC Ixis, Service de la Recherche, 17 juin 2003.
Shleifer A., *Inefficient Markets : An introduction of Behavioral Finance*, Oxford University Press, Oxford, 2000.
J. C. Stein, « Agency, Information and Corporate Investment » *Handbook of Economics and Finance*, Ed Constantinides & alii, Elsevier Science Ltd, 2003.
Stiglitz J.E., « On the Optimality of the stock market allocation of investment », *Quaterly Journal of Economics*, 86, 1972, p. 25-60.
Stiglitz J.E., « Symposium on bubbles » *Journal of Economic perspectives*, 1990, 4(2), p. 13-18.
Wurgler J., « Financial markets and the allocation of capital », *Journal of Financial Economics*, n°58, 2000, p. 187-214.

Jean-Paul Betbéze

Le marché financier ne présente-t-il pas trop de risques pour l'épargnant ?

Un peu pour notre malheur, nous fonctionnons par anecdotes. Nous savons ainsi que l'investisseur avisé qui aurait confié 10 000 dollars, au début des années 1966, à Warren Buffet, le patron devenu mythique de Berkshire Hathaway, en aurait aujourd'hui près de 65 millions ! Mais nous connaissons aussi les histoires plus récentes de ces couples de retraités, qui ont mis leur épargne dans la « nouvelle économie » en 1998 ou 1999 ou, à la même époque, dans tel autre produit à capital dit « garanti » et qui le regrettent aujourd'hui, car ils n'avaient pas lu toutes les conditions du contrat.

La première leçon à retenir de ces cas extrêmes… c'est qu'ils le sont. Tout placement financier est en effet une prise de risque, un parti sur le futur. Le certain, en réalité « le plus certain », c'est la liquidité. Mais elle rapporte bien peu, puisqu'il n'y a pas de risque, et encore… parce que demeure le risque de cette liquidité même : c'est du dollar, de l'euro, du yen, du sterling, ou du plus instable encore !

Car le produit sans risque n'existe pas. C'est d'un produit à moindre risque qu'il s'agit toujours. Et encore faut-il savoir d'où vient ce moindre risque. D'une assurance ? Mais il faudra en payer le coût, en se disant que le contrat, par construction, ne couvre que les risques qu'il a prévu de couvrir. D'une banalisation ? Mais il faudra alors se dire que le rendement attendu ne sera pas considérable. Ou encore d'une façon spécifique de choisir ?

C'est là que l'exemple de Warren Buffet nous donne sa vraie leçon : celle de la durée. Le sage d'Omaha, comme l'appellent désormais les journaux, n'investit que dans les entreprises les plus solides, les plus importantes, les plus connues, et pour au moins dix ans. A lui, et à ceux qui le suivent, les titres Gillette, Coca-Cola ou American Express. Derrière cette piste, il n'y a pas de génie semble-t-il, pas de flair, d'inspiration, et moins encore de *scoop* ! Seulement un pari sur la durée. Mais cette durée comporte un sens économique : elle est une façon de sélectionner le risque. En effet, si une entreprise a régulièrement résisté aux aléas de la conjoncture et aux chocs de la concurrence, si elle a régulièrement crû, on peut sans doute en déduire que ses clients sont plutôt fidèles, donc ses produits et systèmes de distribution assez efficaces, donc son management à la fois plutôt audacieux et responsable, et ses régulateurs (financiers, contrôleurs de gestion) scrupuleux.

Ainsi, comme la concurrence est une série de jeux répétés, à partir d'un certain nombre de coups où le joueur réussit, on ne peut plus dire que c'est le hasard qui est à l'œuvre. C'est plutôt l'efficacité, le talent, la bonne organisation, flexible dans la durée, qui jouent. En même temps, le choix de Warren Buffet d'investir dans les entreprises importantes, dans les « grands noms », permet également de retenir et de détenir des actifs visibles et liquides.

Des actifs visibles d'abord : ce sont des entreprises dont – en toute hypothèse – on parlera. Il est sans aucun doute souhaitable que leur management interne développe toujours, et affine à l'égard du marché, une politique de transparence. Mais l'importance des enjeux, la notoriété de la marque, le nombre des intervenants impliqués (investisseurs particuliers et institutionnels, salariés-actionnaires, banquiers et agences de *rating*, pour citer les plus financiers d'entre eux) vont conduire à une transparence supplémentaire de fait. Il est en effet difficile de passer inaperçu à partir d'une certaine taille. Ce que l'on incarne conduit souvent à dire ce que l'on fait et projette, en tout cas rend plus difficile de le cacher. Les succès seront bien vite connus, comme les projets et les revers. Il faudra donc veiller plus encore à ce que l'on fait et dit. Il faudra donc être plus prudent, et plus efficace. Un actif visible est, *a priori*, plus sûr, car plus surveillé.

Des actifs liquides ensuite, car les titres les plus importants peuvent absorber des mouvements d'achat ou de vente sans être trop affectés dans leurs prix. Dit autrement, on peut y entrer et en sortir sans le dommage spécifiquement entraîné par le fait que l'on y entre… ou bien que l'on en sort ! Cette liquidité fait que certaines valeurs vont être sélectionnées par de grands fonds, précisément pour les conserver. Ce qui renforce, s'il en était besoin, la qualité du risque que représentent ces grandes valeurs, « *blue chips* » ou « grands de la cote ». En France par exemple, les 40 du CAC 40.

Durée, visibilité et liquidité permettent ainsi de qualifier et de délimiter des risques. Un investisseur long en titres visibles et liquides devient, en fait, un quasi entrepreneur mondial. Il escorte la grande firme qu'il a choisie dans la durée, la surveille, et les autres investisseurs *(shareholders)*, et les parties prenantes *(stakeholders)*, avec lui. Il aura la possibilité de manifester son insatisfaction par son départ (la vente), mais plus souvent par des lettres, articles ou interpellations. La capacité de s'exprimer dans une grande firme, grâce à ces relais médiatiques, est en réalité plus puissante et efficace qu'on ne le pense trop souvent. Une grande firme peut faire caisse de résonance. Son risque d'image est plus fort, la gestion de sa communication plus sensible, donc ses décisions mêmes seront plus mesurées, et son écoute plus grande.

Mais d'autres choix sont possibles. L'investisseur peut ainsi préférer des présences plus courtes dans des entreprises, des secteurs et des pays, ou encore rencontrer de nouveaux venus ou des firmes naissantes. Il prend alors d'autres types de risque, en fonction de ses goûts, de ses expertises, et aussi de ses moyens (l'importance et la durée possible de son investissement). Dans ce cas, notre ancien quasi-entrepreneur mondial se spécialise. Il va opter pour des profils de risque différents, où la durée, la visibilité et la liquidité pourront se réduire… sauf s'il en juge autrement, en son for intérieur, du fait de son expertise ou d'une préférence plus forte pour le présent.

Ces profils différents se manifesteront en général par des volatilités supérieures, par des écarts supérieurs à la moyenne qu'enregistrera le titre, c'est-à-dire par les écarts supérieurs des sentiments qu'il suscitera. Notre investisseur devient alors investisseur sectoriel, technologique, local… selon qu'il privilégie tel paramètre : le savoir-faire, l'innovation ou le pays.

Mais notre investisseur, désormais quasi-entrepreneur spécialisé, peut également se dire que les titres qu'il choisit, en fonction d'idées qu'il se fait sur le futur, peuvent être également affectés par l'ambiance, par ce que l'on dit d'eux, par des modes ou par des toquades. Il peut s'en moquer et préférer le long terme, ou bien s'y intéresser et tenter d'en profiter. Au lieu d'être un investisseur-entrepreneur, éventuellement spécialisé, mais qui regarde le futur de la firme, le voilà devenu investisseur-spéculateur. Il prend en compte la vision de la firme par le marché. Au lieu d'essayer, de mieux en mieux, de voir l'entreprise, il va essayer de voir comment elle est vue, pour s'en faire une idée ! Au lieu d'un regard qui se veut direct et structurel, il choisira d'analyser le regard des autres pour déterminer le sien. C'est son choix, c'est donc aussi son risque. Et si la technologie lui permet, de plus en plus aisément, d'intervenir sur le marché à moindre coût, par Internet par exemple, il achètera à 10 heures pour revendre à 14. Ce faisant, il animera le marché. Il traitera, à sa façon, les nouvelles intervenues au cours de ces quatre heures. Il n'y a là rien de condamnable mais un choix spécifique, avec son risque, sa volatilité, tout autant spécifiques.

Au fond, à la question, « le marché financier ne représente-t-il pas trop de risques pour l'épargnant ? », il faut d'abord répondre qu'il existe bien un seul marché financier, c'est-à-dire un seul mécanisme de traitement des valeurs et des nouvelles, qui donne en continu des prix pour toutes les valeurs. C'est là sa fonction essentielle, plus importante même que sa capacité à attirer des capitaux, et au fond la base même de l'économie. Pour ce faire, ce marché se fonde sur les résultats anticipés par la firme à deux ou trois ans, puis de son(ses) secteur(s) d'activité pour les années qui suivent, puis de son(ses) économie(s) d'appartenance pour les années plus éloignées encore. Le marché calcule ainsi une séquence de profits, où la firme joue seule d'abord, puis le secteur, puis le pays.

Il actualise alors cette séquence de chiffres pour trouver une valorisation, qu'il pourra comparer à celle du titre dans le marché, à celle d'autres valeurs dans le secteur. En finance, un actif vaut ce qu'il rapportera : c'est bien là qu'interviennent les appréciations, les informations, les sentiments. En confrontant alors des valorisations qui se veulent fondamentales avec celle que donnent les transactions, le marché fera juger le titre sur ou sous-évalué. Il pourra faire décider qu'il peut être important de le vendre, ou de l'acheter.

Mais ce mécanisme unique de calcul, avec ses hypothèses, et que l'on doit évidemment améliorer en renforçant la qualité des informations (ce qu'on appelle la « transparence » et la « gouvernance »), fonctionne pour tous les épargnants de la même manière. Il offre ainsi des idées et des appréciation en continu, qui peuvent varier autour d'une moyenne. C'est là qu'apparaît, du côté même de l'analyse du marché dans son ensemble, son appréciation générale du risque, en fait son traitement du futur.

Mais l'affaire n'est pas close, puisque « tous les épargnants » ce n'est pas tel ou tel groupe d'épargnants. Or ces derniers diffèrent par leurs moyens, leurs expertises, leurs goûts du risque, leurs horizons temporels. Ils déterminent ainsi, à leurs niveaux, des profils différents de prise de risque. Par rapport au risque global que représente le marché, ils vont se spécialiser. Ils pourront prendre des titres donnés, des SICAV spécialisées, des fonds profilés… un « habitat » qui leur est propre.

C'est là qu'intervient le conseil. Il vient d'un expert indépendant ou membre d'un réseau (bancaire ou d'assurance). Il est toujours étayé par des analyses ou des travaux. Et il a surtout l'avantage d'être extérieur à l'investisseur. Face au conseiller, l'investisseur dira ses capacités bien sûr, mais aussi ses horizons temporels. Par des discussions et des échanges, il révèlera ses préférences, donc son profil de risque. Bien sûr, celui-ci peut changer. Et l'on sait bien que l'embellie boursière est précisément ce moment où les investisseurs prennent de plus en plus de risque… en croyant en prendre de moins en moins, et symétriquement. Il faut donc qu'ils aient, face à eux, un interlocuteur pour lequel la perte du client est le vrai risque, ce client ne « valant » que par sa durée. La révélation, et la gestion, du risque s'obtiennent alors assez bien par la médiation du conseiller. En même temps, par des suivis, des explications, des informations, l'investisseur est tenu au courant. Le gérant explique ce qu'il fait ; il défend ses choix. Ce sont ses discours sur le risque, ses appréciations successives de la réalité qui font évoluer la culture de l'investisseur, au sein même de son « habitat préféré », voire le font passer d'un « habitat » à l'autre.

Au total, il faut se dire d'abord que le risque que représente l'investissement boursier au sens large (par grands indices) paye dans la durée. Les placements longs aux États-Unis ou en Europe l'attestent : sur dix ans, en moyenne, ils sont gagnants. Même si, après la bulle qui vient d'éclater, il faudra s'armer de patience, le processus est déjà enclenché. Le point bas des grandes bourses est derrière nous. Il faut noter ensuite que les résultats relatifs des actions sont toujours supérieurs à ceux des obligations dans la durée, résultats qui sont eux-mêmes toujours supérieurs à ceux des placements monétaires. Il faut ajouter alors que les placements en action dans les univers anglo-saxons (États-Unis, Angleterre) l'emportent sur ceux des univers européens, et plus encore japonais. Le monde anglo-saxon est celui d'une culture *equity*, et la bourse le lui rend bien. Mais ce choix, encore une fois, est celui de certains risques, sectoriels, pays et monétaires.

On n'a jamais rien en résultat, sans rien en risque. Et plus et mieux on le sait, mieux tout le monde s'en porte.

Deux siècles d'actions, obligations et liquidités aux États-Unis

	Rdt réel des actions			Rdt réel des oblig. pub.			Rdt réel des titres courts pub.		
	géom.	arithm.	risuqe	géom.	arithm.	risque	géom.	arithm.	risque
1802-2001	6,9	8,4	18,1	3,5	3,9	8,9	2,9	3,1	6,1
1802-1870	6,8	8,5	18,8	4,8	5,1	8,3	5,1	5,4	7,7
1875-1925	7	8,3	16,9	3,7	3,9	6,4	3,2	3,3	4,8
1926-2001	6,9	8,9	20,3	2,2	2,7	10,7	0,7	0,8	4,1
1946-1965	10	11,4	18,7	-1,2	-1	8,1	-0,8	-0,7	2,1
1966-1981	-0,4	1,4	17,1	-4,2	-3,9	13,2	-0,2	-0,1	2,4
1982-1999	13,6	14,3	12,6	8,4	9	14,2	2,9	2,9	1,8
1982-2001	10,5	11,5	14,7	5,5	9,3	13,6	2,8	2,8	1,7

Source : Jeremy J. Siegel, *Stocks for the Long Run*, 3e édition, Mc Graw Hill, 2002

La surperformance des actions en France

	Période retenue	1913-2000				1951-2000			
Support \	Durée du placement	1 an	5 ans	10 ans	30 ans	1 an	5 ans	10 ans	30 ans
Action	espérance de gain	4	4	4	3	8,6	7,3	6,2	5,5
	probabilité de gain	55,2	66,3	67,9	87,9	65,3	77,8	75	100
Obligation	espérance de gain	-1	-0,8	-0,6	-1,9	4,9	4,7	4,7	4,
	probabilité de gain	57,5	63,9	70,5	41,4	65,3	77,8	75	100

Source : Alain Tranay, « Les actions plus rémunératrices que les obligations et l'or au XXe siècle », *Insee Première*, n°827, février 2002.
Georges Gallais-Hamonno et Pedro Arbulu, « La rentabilité réelle des actifs boursiers de 1950 à 1992 », *Economie et Statistique*, n° 281, 1995-1.

Deux siècles de chocs, actions
et obligations aux États-Unis

Durée de détention	1 an	2 ans	5 ans	10 ans	20 ans	30 ans
Actions						
A : plus forte hausse sur (en %)	66,6	41	26,7	16,9	12,6	10,6
B : plus forte baisse sur (en %)	38,6	31,6	11	4,1	1	2,6
A/B = Swing	1,73	1,3	2,43	4,12	12,6	4,08
Obligations						
A : plus forte hausse sur (en %)	35,1	24,7	17,7	12,4	8,8	7,4
B : plus forte baisse sur (en %)	21,9	15,9	10,1	5,4	3,1	2
A/B = Swing	1,6	1,55	1,75	2,3	2,84	3,7
Titres courts						
A : plus forte hausse sur (en %)	23,7	21,6	14,9	11,6	8,3	7,6
B : plus forte baisse sur (en %)	15,6	15,1	8,2	5,1	3	1,8
A/B = Swing	1,52	1,43	1,82	2,27	2,77	4,22

Source : J. Siegel, op.cit.

Olivier Pastré

Gouvernement d'entreprise : quatre réformes et une idée pour restaurer la confiance

A quelques semaines du deuxième anniversaire de la faillite d'Enron et quelques semaines après le premier anniversaire du vote de la loi Sarbanes-Oxley aux États-Unis et après le vote de la loi Sécurité financière en France, il est temps d'établir un premier bilan. Alors que 10 000 milliards de valeur boursière se sont envolés en fumée, qu'a t'il été fait pour restaurer la confiance dans les entreprises et dans les marchés financiers ?

Les réformes adoptées depuis un an ne sont pas à la hauteur des enjeux qu'a révélés la plus grave crise de confiance qu'ait connue le système capitaliste depuis la crise de 1929. Par ailleurs, l'Europe a pris, dans ce domaine, un retard coupable par rapport aux États-Unis.

Qu'on le veuille ou non, la loi Sarbanes-Oxley (S.O.A.) et aussi peut-être plus encore l'ensemble des réformes impulsées dans la foulée par la S.E.C., de même que par le General Attorney de New York marquent une véritable rupture dans l'histoire du gouvernement d'entreprise aux États-Unis. Sur la forme, le fait que le S.O.A. soit une loi fédérale marque symboliquement la volonté du Gouvernement américain de solenniser cette réforme. Sur le fond, le S.O.A. a le mérite d'ouvrir le débat (et, dans certains cas, de le clore) sur de multiples aspects du gouvernement d'entreprise. Qu'il s'agisse du fonctionnement des instances décisionnelles de l'entreprise (conseil d'administration et comités spécialisés) ou de la responsabilité des dirigeants (certification des comptes), qu'il s'agisse de la réorganisation des métiers d'audit (terme mis à l'autorégulation) ou de banques d'affaires (lutte contre les conflits d'intérêt), qu'il s'agisse enfin des autorités de régulation (moyens renforcés de la S.E.C.), le régulateur américain a reconnu que la crise révélée symboliquement par Enron, Worldcom et quelques autres était bien une crise systémique et non pas le fait d'errements individuels isolés. On peut, certes, considérer que le modèle de gouvernement d'entreprise américain, autoproclamé le meilleur du monde, souffrait de nombreuses imperfections, et que, de ce point de vue, la nécessité de faire le ménage était plus grande à New York qu'à Paris ou à Francfort. On peut aussi reconnaître que certaines dispositions du S.O.A. se révèlent difficiles à mettre en œuvre (ainsi en est-il, par exemple, de l'adaptation des dispositions du S.O.A. aux entreprises étrangères cotées à New York). Il n'empêche : le capitalisme américain a démontré, une fois de plus, sa réactivité.

En comparaison, l'Europe n'a jamais autant que, sur ce terrain, fait figure de « Vieux Continent ». Aucun des pays européens n'a véritablement démontré sa capacité à restaurer la confiance des épargnants. Le cas de la France illustre bien cette triste situation. La loi sur la Sécurité financière, censée faire le pendant, dans notre pays, des dispositions prises en matière de sécurité routière et de sécurité intérieure aura échappé au ridicule par la seule force du Sénat (à la pointe de tous les combats révolutionnaires, comme chacun le sait…). Se limitant à la création de l'AMF (dans les cartons depuis quatre ans…) et au toilettage du commissariat aux comptes, refusant d'ouvrir le débat sur les administrateurs indépendants (pourtant recommandé par le rapport Bouton), laissant de côté la re-régulation de presque tous les métiers de la finance, cette loi sera finalement « sauvée » par l'adjonction d'amendements ayant eu au moins le mérite d'intégrer « au finish » les problèmes de l'analyse financière et du vote des investisseurs institutionnels.

Le franco-pessimisme n'a pas, pour autant, sa place ici. L'Allemagne, au travers de sa loi sur la « promotion du marché financier », n'a guère fait d'avancées conceptuelles spectaculaires, alors même que les entreprises du DAX rechignent encore à adopter le code allemand de « corporate governance » élaboré il y a un an. Quant à l'Italie, son « Codice Preda », adopté en 1999 et remanié en 2002, relève d'une autodiscipline aussi bien intentionnée qu'elle est virtuelle.

Peut-on dès lors reporter ses espoirs sur la Commission ? Il n'en est rien. Bien au contraire, serait-on tenté de dire. Certes, certains chantiers, comme la directive sur les conglomérats financiers ou le processus Lamfalussy de coordination des instances de régulation bancaire, avancent cahin-caha. Certes le commissaire Bolkenstein, en charge du marché intérieur, promet de nouvelles propositions en matière de droit des sociétés à l'horizon de la fin de l'année. Mais, d'une part, aucune véritable accélération n'a été observée depuis 18 mois dans ce domaine – alors que les scandales se multiplient – et, d'autre part, dans bien des domaines, on a plutôt l'impression que l'Europe est, en matière de gouvernement d'entreprise, en train de reculer. Ainsi en est-il en matière de publication des comptes trimestriels des entreprises, que la Commission veut rendre obligatoire alors que la planète entière s'interroge sur le rôle déstabilisateur de telles publications. Ainsi en est-il, de même, en matière de lutte contre les paradis fiscaux et en matière de gouvernement d'entreprise au sens strict, domaines dans lesquels la position de la Commission est notoirement en recul par rapport aux recommandations, pourtant bien peu contraignantes de l'OCDE.

Au total, si l'on fait abstraction des particularités nationales, le bilan des réformes mises en œuvre à ce jour nous paraît bien mince. Le seul domaine dans lequel on a assisté à des avancées incontestables est celui de l'audit : terme mis à l'autorégulation ; lutte contre les conflits d'intérêt ; règles d'intervention dans les entreprises plus rigoureuses ; … Le cabinet Andersen a, certes, une grande part de responsabilité dans les dérives d'Enron. Mais (outre que la disparition d'un membre d'un oligopole déjà aussi concentré n'apparaît pas comme le meilleur moyen de faire jouer la concurrence) le métier d'audit n'est pas, tant s'en faut, le seul « fauteur de troubles ». Et c'est bien là que le bât blesse. Car ce que l'on peut reprocher aux autorités de tutelle depuis un an c'est d'avoir, dans de nombreux cas, « péché par omission ». Or la loi du silence nous paraît, dans les circonstances actuelles de crise systémique, parfaitement condamnable.

A cet égard, quatre chantiers de réformes peuvent être proposés, sur lesquels on a accumulé un coupable retard, et une piste de réflexion insuffisamment explorée à ce jour peut être ajoutée.

Le premier chantier est celui des règles comptables. On se fait un peu moins traiter de pervers aujourd'hui quand on aborde ce problème. La prise de conscience est amorcée de ce que tout ce qui touche à la comptabilité n'est pas technique mais est politique. Trois grands chantiers dans ce domaine : en premier lieu, la comptabilisation des stock options (qui sont des charges) et des engagements des entreprises en matière de retraite (qui sont des dettes) mais aussi et surtout l'avenir comptable de l'Europe. Il s'agit véritablement ici du « casse du siècle ». L'Europe, complice actif de ce hold up, s'est fait voler sa souveraineté comptable. Elle a tout remis, dans ce domaine, aux mains de l'I.A.S., fondation a-nationale et néanmoins anglo-saxonne, sur laquelle ne peut plus s'exercer aujourd'hui aucun contrôle, qui veut imposer aux entreprises européennes une nouvelle méthode de comptabilisation de leurs actifs, la désormais célèbre « full fair value » (« fool fair value » devrait-on dire…) susceptible de déstabiliser complètement le système financier européen. Face à ce danger, il faut réagir et accepter le risque d'un « clash » avec l'I.A.S. Après tout, que serait l'I.A.S. sans l'Europe ? Au-delà de la remise en cause de la « full fair value », l'objectif est, à terme aussi proche que possible, une représentation digne de l'Europe (une minorité de blocage paraît raisonnable) dans les instances dirigeantes de l'I.A.S.

Cette « guerre comptable » (on parle bien de « guerre économique »…) présente une importance stratégique d'autant plus grande que se profile à l'horizon le ratio McDonough, ratio de solvabilité bancaire censé se substituer à l'actuel ratio Cooke à l'horizon 2005. Ce « juge de paix » de l'activité bancaire va, pour dix ans au moins, influer de manière décisive sur les comportements bancaires. Raison de plus pour rappeler que le financement bancaire constitue, en Europe plus qu'aux États-Unis, un des véritables poumons de la croissance. Et raison de plus pour rappeler que l'avenir de l'économie européenne dépend largement de ses PME et que celles-ci manquent cruellement de fonds propres. En espérant que la ratio McDonough ne joue pas, dans ce domaine, le rôle du « boa constrictor ».

Si l'on en reste à la dimension strictement macroéconomique du gouvernement d'entreprise, il est un second chantier qui se doit d'accompagner le précédent : c'est celui des instances européennes de régulation financière. On a, certes, construit l'Europe monétaire et, avec le recul nécessaire, il faut s'en féliciter. On construira peut-être un jour l'Europe industrielle (si le Pacte de stabilité nous prête budget…). En attendant, il faut accélérer de manière très significative l'Europe financière. Sans cela, comment prétendre concurrencer un jour Wall Street, comment espérer consolider la compétitivité de nos banques et, enfin, comment mettre un terme aux distorsions de concurrence auxquelles sont soumis aujourd'hui les épargnants aussi bien que les entreprises européennes ? Dans ce domaine, il faut commencer par harmoniser les réglementations. Mais on sait que cela prend du temps. Pour accélérer ce processus, de même que pour commencer à s'entraîner à l'élargissement, il faut mettre en place au moins un embryon d'autorité de régulation communautaire. Deuxième front : il faut, dès à présent, créer un gendarme boursier européen. La S.E.C. dispose de moyens réglementaires mais aussi humains qui font défaut aujourd'hui à l'Europe. Rien d'étonnant à ce que les retraités japonais et les rentiers du Golfe marquent leur préférence pour New York. Cela ne veut pas dire pour autant que la S.E.C. se serve à bon escient des moyens qui sont les siens. Mais sans un minimum de moyens de police financière à l'échelle communautaire, il ne faudra pas s'étonner qu'au « dumping fiscal » vienne s'ajouter, dans les années à venir, le « dumping délictuel »...

Troisième chantier : celui des agences de notation. On a beaucoup, ces derniers temps, critiqué les auditeurs. A juste titre, dans certains cas. Mais on s'est insuffisamment interrogé sur les risques que faisaient peser sur l'économie de marché des acteurs aussi atypiques que les agences de notation. Existe-t-il un secteur aussi concentré à l'échelle de la planète ? Deux agences contrôlent, en effet, les deux tiers du marché mondial. Existe-t-il un secteur qui n'est soumis à aucune régulation ni même à aucun code de déontologie ? Existe-t-il enfin un secteur dont les effets « externes » en matière de procyclicité de l'activité des entreprises soient aussi importants ? A elle seule une agence peut provoquer la perte financière d'une entreprise. Est-ce bien normal que ce pouvoir (contesté, bien sûr, par les intéressés mais confirmé par de nombreux « bouillons » financiers récents) s'exerce sans aucun contrôle de quelque nature que ce soit ? A tout le moins, les agences de notation doivent être soumises à des obligations de moyens. Mais, au-delà de ce strict minimum, l'importance stratégique de ce métier justifie que l'on insuffle un petit peu de concurrence dans ce secteur (en commençant probablement par abandonner, aux États-Unis le « numerus clausus » du statut de NRSRO). Comment faire ? Cela n'est, il est vrai, pas si simple. Commençons par désigner une tutelle, quelle qu'elle soit, à ces opérateurs. Celle-ci doit elle-être le F.M.I., l'I.O.S.C.O. ou une autre encore, à créer : peu importe. L'important est d'établir des règles du jeu concurrentiel dans ce secteur et de les faire respecter.

Si l'on en vient maintenant au niveau de l'entreprise, commençons par affirmer que, quelles que soient les réformes législatives ou réglementaires mises en œuvre, le gouvernement d'entreprise ne s'améliorera que si les entreprises elles-mêmes et les chefs d'entreprise en particulier en ont la volonté et que si cette volonté est affirmée dans la durée. Cela posé, force est de reconnaître que, depuis deux ans, les entreprises ont commencé à faire leurs certains principes de bon gouvernement d'entreprise. Les chefs d'entreprise n'ayant pas tous changé au cours de la période, preuve en est faite que la « peur du gendarme » a aussi quelques vertus. Pour l'avenir, le maître mot me semble être la responsabilisation. Responsabilisation des actionnaires, et en particulier des investisseurs institutionnels, qui se sont beaucoup plaints des dérives managériales mais qui ont oublié que, au cours des « années folles », ils s'étaient abstenus d'exercer leur pouvoir (rappelons ici, pour ceux qui l'auraient oublié, que la moitié au moins de la capitalisation du CAC 40 est aux mains des « zinzins », français ou étrangers) et notamment de manifester leur mécontentement en assemblée générale. Responsabilisation aussi des autres « stakeholders » (c'est-à-dire des autres partenaires) de l'entreprise, au premier desquels figurent naturellement les banques d'affaires. Mettre un terme aux conflits d'intérêt, définir des règles de rémunération qui ne soient pas de véritables « pousse au crime » financiers, s'interdire (faute de quoi l'interdiction devra venir de l'extérieur) certains conseils « border line » comme l'on dit : voilà autant de pistes à creuser. Mais, dans ce mouvement global de responsabilisation, il est un chantier qui me paraît prioritaire : c'est celui des administrateurs indépendants. Sur ce sujet, il faut commencer par renoncer à l'hypocrisie. Bien sûr qu'il n'est pas facile de définir ce qu'est et ce que doit être un administrateur indépendant. Bien sûr que, dans le cas d'Enron, la multiplication des administrateurs indépendants (et des comités spécialisés du conseil) n'a pas empêché les pires pratiques. Bien sûr que le meilleur garant de l'indépendance ce peut être... l'incompétence. Tous ces arguments ont été mis en avant. Ils sont audibles. Mais ne permettent pas de faire l'économie d'un véritable débat sur le sujet, qui n'a eu lieu nulle part en dehors des États-Unis. Sans faire du modèle américain un modèle à suivre en toutes circonstances, force est de reconnaître que, dans ce pays, la multiplication des administrateurs indépendants, accouchée dans certains cas au forceps réglementaire, a permis de mettre en place un nouveau rapport de force au sein des conseils d'administration (et pas seulement dans les entreprises cotées). Il est curieux que les défenseurs de l'économie de marché, en Europe, n'appliquent pas, dans ce domaine, les convictions qui sont les leurs. Faisons comme aux États-Unis : créons un « marché » des administrateurs indépendants. Les forces du marché s'exerceront alors, qui élimineront progressivement les « canards boiteux ». Obligeons les entreprises à franchir le pas (qui ne leur est pas naturel) et faisons confiance aux forces de rappel de l'économie libérale pour opérer un ménage qui se révélera salutaire. C'est peut-être sur ce thème que l'hypocrisie ambiante me paraît la plus dommageable. Si l'on veut un gouvernement d'entreprise digne de ce nom, il faut s'en donner les moyens. Plus d'objectivité dans les conseils constitue un moyen incontournable pour favoriser la responsabilisation, de même que pour consolider l'autre pilier du gouvernement d'entreprise que constitue la transparence. Ne nous cachons pas derrière de faux prétextes. Franchissons le pas, de manière législative s'il le faut. Dans le pire des cas (qui remettrait en cause les vertus mêmes de l'économie de marché), il sera toujours temps de revenir en arrière.

Tels sont les quatre chantiers de réformes qu'il convient d'ouvrir dans l'urgence, auxquels s'ajoute une piste de réflexion qui mérite d'être creusée. Pour cela, revenons à la question initiale de la confiance. Comment restaurer celle-ci ? Par plus de responsabilisation et plus de transparence. En matière de transparence, quoi de mieux que le « rating » ? Si les agences de « rating » posent problème, c'est par le rôle primordial qu'elles jouent dans le capitalisme d'aujourd'hui. Pourquoi ne pas, alors, élargir le principe à toutes les parties prenantes du gouvernement d'entreprise ? La notation des produits financiers est, aujourd'hui, généralisée. La notation des analystes, des gestionnaires et même de certains fonds de pension aux États-Unis existe déjà, de manière artisanale. Pourquoi ne pas la rationaliser et la généraliser ? Et surtout, pourquoi ne pas appliquer le principe de la notation à toutes les autres professions dont dépend l'avenir des entreprises ? Aux banques d'affaires, pas uniquement de manière quantitative sous forme de « league tables » ; aux cabinets d'audit ; aux cabinets d'avocats ; à tous les gestionnaires d'épargne, privée ou publique ; et pourquoi pas aux journalistes spécialisés ? La notation a un double avantage. Elle instaure d'abord de la transparence et, si elle est faite de manière rigoureuse, de l'objectivité. Mais elle permet aussi, insensiblement, de basculer d'une culture d'obligation de moyens à une culture d'obligation de résultat. L'étape ultérieure serait alors de proportionner la rémunération des agents économiques aux performances enregistrées par eux dans la durée. Nous n'en sommes pas là. Contentons-nous de porter un jugement plus rationnel et plus serein sur ceux dont dépende, directement ou indirectement, notre épargne. Nous aurons déjà franchi ainsi un pas de géant en matière de restauration de la confiance.

A titre de conclusion, rappelons que la confiance est plus difficile à établir ou à rétablir qu'à faire voler en éclats. Il convient donc de s'atteler rapidement aux chantiers mis ici en perspective (et à d'autres dont je sous-estime peut-être l'importance). Pour ce faire, deux conditions préalables paraissent devoir être réunies. D'abord se convaincre (et convaincre) que la crise du gouvernement d'entreprise n'est pas un sujet abstrait, technique et déconnecté des préoccupations des citoyens comme la sécurité routière et la sécurité intérieure. La sécurité financière concerne les Français dans leur vie quotidienne : au moins comme salarié, comme l'exemple de Metaleurop vient de le montrer, et comme futur retraité, comme l'avenir boursier risque, à l'avenir, de le démontrer. Deuxième condition, tout aussi difficile à remplir : ne pas s'abriter derrière Bruxelles pour ne rien faire. Certes, un nombre croissant de dossiers en matière de gouvernement d'entreprise relèvent de plus en plus d'une problématique européenne (comme en témoignent au moins les deux premiers chantiers ouverts dans cet article). Cela ne doit pas, pour autant, servir d'alibi à l'inaction au plan national. « Circulez, il n'y a rien à voir », slogan que l'on devine dans certaines décisions ou non-décisions gouvernementales dans certains pays européens, dont la France, ne peut servir, dans le contexte actuel, de viatique. Il faut avoir le courage d'agir : la confiance, cela ne s'achète pas, cela se mérite…

Bertrand Jacquillat

L'analyse financière indépendante, comme vecteur de la confiance

Les faillites et déconfitures d'un certain nombre d'entreprises et la chute d'environ 50 % des indices boursiers depuis mars 2000 alimentent de nombreuses réflexions sur les moyens d'éviter dans l'avenir de telles catastrophes, notamment en matière de gouvernement d'entreprise.

Comme le soulignait le Cahier n°2 du Cercle des Economistes, *Le gouvernement d'entreprise n'est pas du seul ressort du Conseil d'Administration*, la bonne gouvernance d'entreprise est aussi du ressort de tous les acteurs qui participent à la production, à la transformation et à la distribution de l'information comptable et financière.

Si bulle il y a eu à la fin du siècle dernier, il faut en attribuer en partie la cause aux banquiers d'affaires, qui ont poussé au crime les entreprises dans des opérations de croissance externe très souvent sans justification, ou aux professionnels de l'investissement qui n'ont pas fait leur travail d'étude sur la compatibilité des cours avec les fondamentaux de la situation économique et financière des entreprises.

Dans les deux cas, l'analyse financière, si elle était indépendante, aurait pu éviter ces égarements, d'où les appels réitérés, mais plus incantatoires que réalistes, au développement d'une telle analyse.

L'organisation actuelle de l'analyse financière

L'organisation actuelle de la profession des analystes financiers les expose à des conflits d'intérêts, qui peuvent avoir au moins quatre conséquences néfastes sur le fonctionnement et le gouvernement des entreprises. Ils poussent à une présentation biaisée des comptes des entreprises. Ils déforment la relation normale qui doit exister entre les directions générales et financières des entreprises et les analystes financiers ; ils poussent les entreprises à des opérations de fusion acquisition pas toujours judicieuses ; ils provoquent un risque de distorsion des prix des actions sur les marchés.

Les analystes financiers appartiennent pour la plupart à des bureaux d'études au sein des départements *Capital Markets* des banques d'investissement. Leurs « clients » au sein de ces organisations sont les vendeurs d'actions auprès des investisseurs institutionnels et individuels d'une part, et les banquiers qui conseillent les émetteurs à la fois sur le marché primaire et sur le marché secondaire des titres d'autre part, d'où un premier conflit d'intérêt.

En effet, les vendeurs d'actions (désignés par les termes anglais *sell sid* ou *sales*) doivent avoir des histoires à raconter à la centaine d'investisseurs institutionnels (gérants de Sicav, sociétés de gestion, compagnies d'assurance...) auxquels ils téléphonent chaque jour pour leur vendre les idées qui leur sont présentées par les analystes lors des *morning meetings*. Ces conseils généreront des ordres d'achat ou de vente et donc des courtages sur lesquels les rémunérations des analystes sont peu ou prou indexées. En la matière, les vendeurs renâclent à démarcher les investisseurs potentiels avec les recommandations négatives d'un collègue analyste.

Quant à ceux qui, au sein de ces banques, sont chargés de conseiller les émetteurs, les analystes travaillent pour eux à l'occasion d'introductions en bourse, d'augmentations de capital, de fusions acquisitions et de toute autre opération sur titre qui nécessite un travail d'analyse financière et d'évaluation. Or les entreprises qu'ils étudient sont parfois, sinon souvent, les meilleures clientes des banques qui les emploient. Comme le rappelait l'ancien président d'une grande banque d'affaires : « Les conflits d'intérêts sont inhérents à la nature même de l'activité des banques d'affaires. Mais, pour ce qui est des analystes financiers, leur rôle aussi bien auprès de leurs collègues vendeurs de titres qu'auprès de leurs collègues banques d'affaires les poussent à un biais très fortement optimiste ».

L'économique des rémunérations

Il faut être conscient du fait que si les résultats de l'activité recherche sont gratuits pour les clients des banques, les départements « Recherche et Analyse Financière » coûtent très cher aux banques elles-mêmes : il s'agit donc de les rentabiliser via les courtages sur transactions générées par l'activité recherche/sales, et par les commissIons générées sur les opérations financières.

Par ailleurs, la part des courtages sur transactions dans le produit net bancaire des banques a beaucoup baissé depuis vingt ans, sous la pression des investisseurs institutionnels pour qui les coûts de transactions représentent un facteur décisif de leurs performances de gestion ; en revanche, les commissions sont encore élevées sur les opérations de conseil. La balance des incitations financières a définitivement penché du côté de cette activité, au détriment de la première.

En matière de gestion, la chaîne simplifiée va du client qui apporte des fonds à gérer à un gérant (asset manager). Celui-ci facture au client des frais de gestion annuels de l'ordre de 1 % des fonds qu'il a sous gestion. Ce 1 % fois les sommes sous-gestion représente son chiffre d'affaires appelé produit net bancaire. Face à ces produits, il encourt diverses charges, dont en principe des frais de documentation, d'abonnement à des bases de données et d'analyse financière. En effet, sur quelles bases prendrait-il ses décisions d'investissement si ce n'est sur la base de l'étude des marchés, des classes d'actifs et de sociétés, domaines d'études privilégiés de la profession des analystes financiers ?

Ces analystes financiers, le gérant peut les avoir en interne (analyste buyside) mais ce n'est que très rarement le cas. Il peut se procurer l'analyse financière dont il a besoin à l'extérieur. Alors que l'analyse financière est en première approximation un de ses facteurs de production essentiels, il refuse bien souvent de la payer. Mais il a besoin de cette recherche. Alors, il se fait payer la recherche, dont il estime avoir besoin, même si elle est fortement biaisée, par les intermédiaires auprès desquels il passe les ordres en bourse. Qui paye en définitive ? Le client sous forme de courtage, mais il ne le voit pas et il ne le sait pas – la facturation est occulte – et non le producteur de services. Le client paye donc le gérant deux fois, une fois en direct par les frais de gestion, une autre fois sous forme de frais de transactions plus élevés et donc sous forme de baisse du taux de rentabilité de ses fonds sous-gestion.

L'économique des marchés financiers et de l'analyse financière

On sait depuis plus de trente ans que l'utilité économique et sociale des analystes est de rendre les marchés financiers plus efficients. C'est parce que les analystes sont censés scruter, analyser, évaluer, etc. qu'ils rendent les prix boursiers aussi proches que possible de leur valeur fondamentale, à condition que leur analyse financière soit indépendante. Mais les analystes financiers sont devenus peu ou prou des commerçants, dont l'objectif est de maximiser les volumes de transaction sur le marché secondaire auprès des investisseurs ou d'assurer le succès d'opérations financières initiées par leur banquier employeur. La recherche du bon prix est ainsi devenue un objectif accessoire.

Faire du commerce, c'est entretenir l'illusion, c'est suivre les modes, c'est s'engouffrer dans les conventions.

Est-il bien utile de disposer en permanence d'une cinquantaine d'études financières allant de quelques pages à plusieurs dizaines de pages, concernant une société comme LVMH par exemple ?

Encore une fois, les marchés sont relativement efficients et la contribution marginale de la nième analyse financière pour l'établissement de la vérité, c'est-à-dire le bon prix de LVMH, est proche de zéro.

Que devrait produire une analyse financière indépendante concernant une société ?

– les hypothèses implicites que fait le marché quant aux facteurs de valorisation clé d'une société : flux futurs, risque, liquidité, prime de risque et prime de liquidité. Tous ces éléments sont plus ou moins difficiles à évaluer, notamment les flux futurs. Par contre, il est relativement aisé d'inverser le raisonnement et de trouver un jeu de flux compatibles avec les cours, compte tenu des autres éléments ;

– évaluer sous la forme de scénarios probables la compatibilité de ces hypothèses avec le bon sens.

Les solutions

L'accord intervenu en 2002 entre les grandes banques d'investissement américaines et le General Attorney de l'Etat de New York contient certaines dispositions destinées à atténuer ces conflits d'intérêt, en procurant aux analystes une plus grande protection contre les pressions qui s'exercent sur eux (présence d'un médiateur, conseil d'orientation indépendant auprès du bureau d'études), et en déconnectant leur rémunération des commissions générées dans les opérations où ils sont impliqués.

A ce dispositif, on peut ajouter certaines mesures recommandées par des organismes de régulation ou déjà mises en place par quelques banques : par exemple, l'obligation d'indiquer dans chaque étude publiée, si elle a été communiquée à l'entreprise et de mentionner tous les facteurs susceptibles d'avoir entravé l'indépendance de son auteur ; la présentation symétrique des recommandations d'achat et de vente, positives et négatives ; la fourniture dans chaque étude de clés de lecture, notamment en ce qui concerne les relations d'affaires entre la banque et l'entreprise.

Certaines propositions visent à favoriser une recherche indépendante à la fois du Corporate Finance et des services de transactions proposés par la banque sur le marché secondaire aux investisseurs individuels et institutionnels. C'était le sens des recommandations de Paul Myners en 2001 dans un rapport commandité par le gouvernement britannique. Les clients qui veulent obtenir et lire des études financières sur les sociétés, les secteurs et les marchés devraient les payer directement. Pour ce faire, les départements d'analyse financière des banques d'investissement devraient être juridiquement distincts de leur maison mère et rentabiliser leur travail en vendant leur recherche à celle-ci comme à des tiers.

C'est vers cette solution que s'oriente Wall Street à la suite de la prescription relative à ce volet du gouvernement d'entreprise de la loi Sarbanes-Oxley : les grandes maisons de gestion devront verser à l'analyse financière indépendante au cours des cinq prochaines années une manne globale de 1 500 millions de dollars, soit 300 millions par an.

De quoi rémunérer beaucoup d'analystes financiers indépendants qui n'ont pas besoin d'être rémunérés 3 millions de dollars ou même 300 000 dollars par an pour faire ce travail d'évaluation. Mais cette solution n'est que provisoire.

Pour promouvoir une analyse financière indépendante, il faut lui assurer un « business model » durablement viable. C'est-à-dire que les utilisateurs de l'analyse financière acceptent de la payer. Aussi bien les émetteurs, comme c'est le cas avec les agences de notation, que les investisseurs et les gestionnaires pour compte de tiers.

Plutôt que l'imposition de quotas toujours artificiels, ou la taxation, solutions actuellement mises en œuvre avec difficulté aux États-Unis, il serait préférable de créer des conditions de fonctionnement des marchés qui conduisent à l'incitation et à l'autorégulation des opérateurs.

Deux approches non exclusives et complémentaires sont à envisager pour assurer la viabilité économique du business model de l'analyse financière indépendante :

1. Multiplier les cas où une évaluation indépendante serait obligatoire. Pour le moment, ceux-ci se limitent dans certains pays aux opérations de retrait de la cote. Ils pourraient être étendus sans difficulté et avec bénéfice à toute émission de titres pour les sociétés faisant appel public à l'épargne – introduction en bourse – augmentation de capital – fusion absorption, etc.

2. Labellisation par les autorités de régulation
– d'une part des sociétés d'analyse financière indépendantes sur la base d'une charte, d'une éthique et de méthodologies que celles-ci s'engageraient à respecter.
– d'autre part, des sociétés de gestion qui auraient développé en interne une capacité d'analyse ou qui achèteraient la recherche à des sociétés d'analyse indépendantes.

La prise en compte de ces diverses considérations entraînerait une profonde réorganisation du cadre environnemental et institutionnel de l'analyse financière.

Dans son ensemble, le système serait in fine moins coûteux. D'abord à cause d'une réduction drastique du nombre d'études sur les principales sociétés, études qui sont souvent routinières, mimétiques et redondantes, et donc d'une réduction du nombre des analystes, en tout cas de leur redéploiement.

En effet, les activités des analystes financiers seraient redéfinies et reloca-
lisées. Dans la mesure où les analystes sont une ressource indispensable pour
assurer des travaux de « due diligence » à l'occasion d'opérations sur les marchés
primaire et secondaire, des équipes d'analystes seraient affectées directement
et exclusivement aux départements des banques concernées par ces opérations
(c'est déjà le cas dans certaines grandes banques françaises). D'autres analystes
interviendraient comme supports des équipes de ventes d'actions, avec une
casquette de recherche / vendeur bien affichée. D'autres enfin, les plus « entre-
preneuriaux », seraient directement affectés aux équipes de fusions/acquisitions.

Enfin, les investisseurs institutionnels continueraient d'affirmer une tendance déjà bien établie consistant à renforcer en leur sein leurs équipes de
recherche et d'analystes buy side dédiées exclusivement aux gérants maison,
c'est-à-dire à en internaliser le coût, ou ce qui revient au même, à acheter à
l'extérieur une « recherche indépendante ».

En définitive, la recherche actuelle serait éclatée et allouée aux différentes
fonctions qu'elle remplit. Les objectifs des uns et des autres seraient clairement
précisés et leurs rémunérations pourraient être indexées à leur réalisation en
l'absence de tout conflit d'intérêt. Les analystes superstars verraient diminuer
leurs salaires exorbitants que leur vaut leur capacité schizophrénique à gérer
les multiples conflits d'intérêt auxquels ils sont confrontés.

Et les marchés seraient rendus plus efficients.

On créerait ainsi les conditions économiques d'un développement durable
et autofinancé d'une profession d'analystes indépendants, pièce essentielle
d'une bonne gouvernance des entreprises et du bon fonctionnement du marché
financier.

Jacques Mistral

Gouvernance d'entreprise et marchés financiers : où en est-on aux États-Unis un an après Sarbanes-Oxley ?

La loi Sarbanes-Oxley a été promulguée fin juillet 2002 ; elle prévoyait un calendrier très précis pour aboutir à sa mise en œuvre effective au printemps 2003. Les textes d'application ont été adoptés par la SEC en temps voulu malgré les péripéties qui se sont succédé à la tête de cette commission.

Un an après, expérience faite, la plupart des observateurs considèrent que ce dispositif a calmé l'angoisse qui s'était emparée des marchés financiers devant la multiplication et l'ampleur des scandales ayant affecté les titres les plus réputés de la côte : Enron, Worldcom etc. D'un autre côté, la complexité des procédures et les coûts supplémentaires induits par la loi commencent seulement à apparaître et il est finalement trop tôt pour résumer l'impact de cette loi de manière simple et définitive tant les sujets en suspens restent nombreux. C'est donc un bilan d'étape qui, à ce stade, est possible et utile.

Le présent article propose une interprétation du chemin parcouru et analyse deux des principaux thèmes en débat pour restaurer plus complètement la confiance entre les investisseurs et les entreprises en redéfinissant le rôle et les responsabilités de chacun : le fonctionnement et la composition des conseils d'administration, la rémunération et les responsabilités des dirigeants [1]. La rédaction est descriptive et les références à l'imposante littérature économique qui se développe depuis 2 ans sont données en notes.

---

1. Le présent article ne discute pas les questions relatives à l'information financière et aux normes comptables. L'auteur a récemment consacré à ce thème un Rapport du Conseil d'analyse économique présenté au Premier ministre en mai 2003. Voir J. Mistral (2003).

Mais pour commencer, il est intéressant de savoir comment, aux États-Unis mêmes, le système américain de gouvernement d'entreprise est aujourd'hui jugé : est-il si mauvais qu'on le croit en voyant les titres de la presse ? Ou bien est-il toujours considéré comme le meilleur du monde ?

Est-il bon ? Est-il mauvais ?

L'été 2002 a vu se dérouler une crise de confiance sans précédent dans l'une des institutions les plus sacrées de ce pays : Corporate America. La presse, même celle des milieux d'affaires, a cloué au pilori le comportement « impérial » des CEO, l'opinion publique, d'abord frappée de stupeur, demandait à ses élus initialement réticents une réforme législative exemplaire, les plus hautes autorités du pays diagnostiquaient une crise morale profonde que la Loi seule serait impuissante à traiter.

Aujourd'hui, la passion est retombée ; cela ne veut pas dire que les problèmes soient supposés tous résolus, cela signifie qu'ils sont à nouveau traités à l'américaine, c'est-à-dire à froid et avec pragmatisme. Et cela s'applique d'abord au diagnostic : que dire, objectivement, du système de gouvernance ? Comment se compare-t-il avec d'autres ? La réponse que livrent les articles[2] et les enquêtes a une tonalité plutôt positive, comme le montrent les résultats de ce système aussi bien que les comparaisons avec l'étranger.

Ce que l'on attend de la gouvernance d'entreprise, notent beaucoup d'observateurs, c'est d'abord et avant tout qu'elle délivre les meilleurs résultats pour l'investisseur. Lorsque l'on compare dans ce but l'évolution des bourses américaine et étrangères, on constate que la performance de la première est régulièrement supérieure à celle des secondes ; cela est vrai de la période de croissance, mais aussi de la période où se sont conjugués le retournement conjoncturel et les scandales financiers. Personne ne prétend que cette comparaison est à mettre à l'actif du gouvernement d'entreprise seul, mais on entendra souvent conclure ici que le système, au moins, n'a pas empêché ce résultat. Les mesures directes de la qualité de la gouvernance confirment ce point.

---

2. Gompers et Ishii (2001) ont étudié, avant les scandales Enron et autres, la qualité de la gouvernance (24 critères, 1500 firmes) et montrent une forte corrélation entre leur indice et la performance de l'action.

Le gouvernement d'entreprise étant devenu une discipline spécialisée et un marché en forte croissance, il n'est en effet pas surprenant que l'expertise et le conseil se développent dans ce domaine à vive allure[3]. L'un des objectifs, poursuivis en particulier à la demande des entreprises elles-mêmes, est de mesurer le plus objectivement possible la qualité de leurs politiques en la matière. La dernière étude internationale réalisée par *Governance Metrics*[4], une agence de rating indépendante, montre que parmi quinze pays, les États-Unis se classent troisième, derrière le Canada et la Grande-Bretagne ; quinze des dix-sept sociétés atteignant le score maximal sont américaines. L'information financière communiquée au marché, en particulier, y serait plus transparente et plus complète ; en revanche, la relation avec les actionnaires ou la prise en compte des problèmes environnementaux serait meilleure en Europe continentale ; les sociétés japonaises ont les résultats les plus médiocres.

La supériorité du modèle de gouvernance américain n'est donc pas remise en cause d'autant moins qu'elle a des explications assez simples[5]. L'interprétation la plus courante consiste à se référer aux changements très profonds qui ont eu lieu dans ce pays plus qu'ailleurs depuis les années 80 : le thème de la « valeur actionnariale » est loin d'avoir disparu, l'ennemi principal en matière de gouvernement d'entreprise reste le management traditionnel, celui qui poursuit la pérennité de l'entreprise et/ou sa croissance à tout prix, en cherchant aussi à « équilibrer » les intérêts des différents « partenaires ». Écartant tout sentiment de fierté nationale, il faut dire que les avatars récents de Vivendi, France Télécom et Alstom, largement commentés par la presse américaine, ont alimenté la critique de « modèles » jugés dépassés de longue date.

C'est à ces illusions qu'a mis fin, aux États-Unis, la vague d'innovations et de réformes des années 90 parmi lesquelles on peut en particulier souligner la pratique des OPA hostiles, l'introduction des stock options comme incitation à privilégier l'intérêt de l'actionnaire et le succès du *venture capitalism* grâce auquel la ressource financière a été transférée vers les secteurs en expansion[6].

---

3. Voir par exemple *The Business Roundtable (2003)* ou CALPERS (2003).
4. Voir le site www.gouvernancemetrics.com
5. Holmstrom and Kaplan (2003) illustrent bien cette approche confiante dans les résultats du système américain, un « bon système que les réformes en cours ne peuvent qu'améliorer ».
6. Holmstrom and Kaplan (2001) documentent bien ces tendances des années 80 et 90 et leur impact sur la gouvernance.

En somme, la décennie 90 montrerait que Schumpeter a pu gagner contre Galbraith parce que le management a été plus directement soumis au contrôle du marché.

Il est d'ailleurs intéressant, rétrospectivement, de rappeler la prudence – pour ne pas dire les réticences – avec laquelle a été traitée, au printemps 2002, la question des réformes souhaitables. Pour ne rappeler qu'un exemple – mais très représentatif parce que fondamentalement la problématique n'a guère changé – on peut se rapporter à un discours sur ce thème d'Alan Greenspan le 26 mars à la Stern School of Business de New York University. Il y concluait que « le paradigme actuel du CEO, avec tous ses défauts, était probablement destiné à rester la forme la plus viable de gouvernement d'entreprise pour le monde moderne » ; il notait en particulier « qu'il fallait envisager avec beaucoup de prudence la perspective de solutions réglementaires aux problèmes récemment apparus » et qu'il n'était pas souhaitable d'introduire dans les conseils « des administrateurs indépendants qui créeraient un centre de pouvoir concurrent à l'intérieur même de la société[7] ».

C'était après Enron mais avant Worldcom, c'est-à-dire avant que la fureur ne s'empare de l'électorat et la frénésie réformatrice des élus.

Une réforme radicale

Le texte final de la loi Sarbanes-Oxley a une grande portée et constitue sans doute, en matière financière, la réforme la plus importante depuis la crise des années 30. Pressés par le souci de restaurer rapidement la confiance des investisseurs pour relancer l'économie américaine, les rédacteurs de la loi ont eu l'ambition d'apporter une solution juridique à tous les problèmes, lacunes et excès mis au jour par les scandales financiers en posant, dans la loi, des principes généraux dans un vaste nombre de domaines, et en laissant le soin

---

7. Becht et Alii (2002) proposent un *survey* exhaustif de la littérature consacrée au dilemme protection des actionnaires/responsabilité du management, problème archétypique de la relation dite, en termes théoriques, « principal – agents » ; on peut se convaincre, à cette lecture, que la définition de « bonnes incitations » pour les CEO, ou la supervision du management par le Conseil n'ont pas de réponse simple et définitive.

à la SEC de définir leur mise en œuvre. Entre août 2002 et juin 2003, la SEC a publié ses propositions de règles, recueilli les commentaires et publié ses règles finales d'application à un rythme soutenu, adoptant au total une douzaine de règles finales d'application, dans les quatre principaux chantiers ouverts par la Loi[8].

La profession comptable est tout d'abord soumise à la réglementation et à la surveillance d'un nouvel organisme indépendant. La loi a ainsi mis fin à la tradition d'autorégulation qui prévalait dans la profession de commissaire aux comptes en créant un nouvel organisme de réglementation et de surveillance, le *Public Company Accounting Oversight Board* (« PCAOB »). Sous la tutelle de la SEC, celui-ci a pour rôle de contrôler l'audit des sociétés émettrices cotées aux États-Unis, et se voit doté dans ce but de pouvoirs étendus.

L'indépendance des auditeurs, ensuite, est accrue de plusieurs manières, notamment par l'interdiction pour les firmes d'audit de fournir à leurs clients à la fois des services d'audit et d'autres services ; en introduisant une approbation préalable par le comité d'audit de la société émettrice de l'ensemble des services demandés aux firmes d'audit autorisées ; en imposant enfin la rotation, tous les cinq ans, des associés de la firme d'audit responsables de l'audit.

Les pratiques de *corporate governance* proprement dites sont améliorées de diverses manières, la loi instituant :

– l'obligation de certification des rapports annuels et trimestriels par le *Chief Executive Officer* et par le *Chief Financial Officer* de la société émettrice ;

– un rôle central pour le comité d'audit, composé exclusivement d'administrateurs indépendants ;

– l'interdiction faite aux administrateurs et aux dirigeants d'acheter, de vendre, de transférer ou d'acquérir, directement ou indirectement, des titres de la société durant certaines périodes suspectes ;

– l'interdiction faite aux sociétés émettrices américaines d'accorder des prêts personnels à leurs administrateurs et dirigeants.

Quatrièmement, l'information communiquée au marché par les sociétés émettrices doit être améliorée, accélérée et mieux conservée par la mise en

---

8. On peut se reporter pour le détail de ces mesures à la présentation qui en a été faite par l'Agence financière de Washington http ://www.ambassade-us.org/intheus.finance.

place de procédures plus strictes ; les sociétés émettrices seront notamment tenues d'inclure dans leurs rapports annuels un communiqué de la direction évaluant l'effectivité des procédures de contrôle interne, ainsi qu'une attestation émanant de leurs auditeurs sur l'évaluation des procédures de contrôle interne ainsi conduite par la direction ; elles devront préciser les conditions d'utilisation des éléments financiers qui ne relèvent pas des *Generally Accepted Accounting Principles* et communiquer, en temps réel, les changements significatifs affectant la condition financière ou l'activité de la société. Cet aspect de la loi et de ses implications mérite d'être examiné un peu plus en détail.

La loi, dans sa section 404, contient en effet une disposition sur les contrôles internes dont la portée n'a pas été immédiatement perçue et qui est un sujet d'inquiétude pour les directeurs financiers parce que ces contrôles s'étendront à l'avenir très au-delà du champ de la comptabilité et du *reporting* financier. Toute entreprise cotée sera tenue de communiquer au marché toute nouvelle « matérielle », quelque chose d'important et d'inattendu, pouvant affecter son résultat ou son activité, et cela « rapidement » ; qu'est-ce que la rapidité, en l'occurrence ? Les échos filtrant en dehors de la SEC au début de l'été indiquaient : 2 jours, ce qui est un raccourcissement significatif par rapport aux pratiques antérieures (5 jours) dont le champ d'application était au demeurant beaucoup plus restreint : cette obligation pourra désormais concerner la conclusion (ou l'annulation) d'importants contrats commerciaux, ou bien toute nouvelle affectant gravement la continuité ou la sécurité des opérations (par exemple en cas d'atteinte à l'environnement), ou encore un changement de notation par une agence de rating.

Cela implique de la part des directeurs financiers une responsabilité toute nouvelle pour laquelle ils ne sont pas équipés : ils devront en effet mettre en œuvre un système de remontée des informations technico-économiques affectant la totalité de l'entreprise et capable de délivrer toute information sensible à la vitesse de la lumière : pour organiser cette information – vitale puisque son insuffisance pourra conduire à des poursuites engagées par des actionnaires frustrés – mais aussi pour la trier et l'organiser et pour en maîtriser le flux, on voit déjà se profiler ici une nouvelle fonction, celle de *Chief Disclosure Control Officer*.

De manière plus générale, la SEC mais aussi la FED attachent la plus grande attention au progrès de méthodes de « contrôle interne » mais sans définir exactement le contenu donné à cette exigence[9]. Et les firmes d'audit devront, après avoir vendu les organigrammes et logiciels appropriés, évaluer la conformité de ces pratiques avec les exigences de la loi : exercice difficile, abordé des deux côtés avec réticence, parce qu'il paraît hasardeux de juger et de valider non plus des chiffres mais des procédures – dont on peut toujours craindre qu'elles n'aient été prises en défaut pendant l'exercice sans que la faille soit immédiatement apparente.

Un dernier aspect de ces contrôles internes concerne la corruption. La pression que met la loi sur les comités d'audit ne borne pas leur responsabilité aux frontières nationales. Dans une firme multinationale, le comité devra avoir une vue globale des activités. Et les paiements pouvant correspondre à des pots-de-vin ou à l'importation de produits piratés ne pourront plus être plus ou moins ignorés comme c'était souvent le cas jusqu'ici. La découverte de telles pratiques conduira les auditeurs à recommander au management de mettre au jour et de rendre compte de ces pratiques pouvant conduire à d'importantes pénalités sous la loi *Foreign Corrupt Practices Act*.

La rémunération des dirigeants en procès

La série des scandales financiers qui a débuté au printemps de l'année dernière a aiguisé le débat autour des rémunérations des dirigeants, en particulier des *Chief Executive Officer* (CEO) ; sont en particulier critiqués les schémas de rémunération fondés sur la performance du titre (stock options) qui ont trop souvent été dévoyés, les augmentations de rémunération accordées aux dirigeants lorsque les cours des actions des sociétés s'effondrent, et plus encore le montant des primes de départ lorsqu'ils sont remerciés pour une performance insuffisante[10].

---

9. S. Bies (2003), gouverneur de la Fed, considère que Sarbanes-Oxley n'est qu'un « *wake-up call* » dont il faut tirer toutes les implications pratiques ; elle a consacré un exposé très complet aux nouvelles exigences en matière de contrôle interne et souligné la responsabilité des Conseils et des dirigeants dans l'évaluation permanente de la balance des risques.

10. Core et Alii (2002) proposent un *survey* de la littérature consacrée à la rémunération des dirigeants à travers la distribution d'actions et d'options ; les auteurs montrent qu'il n'existe pas « une meilleure manière » de régler le problème d'agence que soulève la rémunération des dirigeants, que la recherche d'une méthode optimale est dépendante du contexte financier mais aussi de tout le processus de décision et de contrôle propre à chaque grande entreprise.

Toute révision des comptes d'une entreprise suscite désormais des interrogations sur les incitations financières qu'avait le dirigeant à utiliser au maximum (et parfois même au-delà) les marges d'interprétation permises par la législation comptable[11]. Ce climat de suspicion, que la loi Sarbanes-Oxley n'a jusqu'ici pas suffi à écarter, est un obstacle sérieux au retour de la « confiance ». Il est donc intéressant d'examiner comment ont évolué les schémas de rémunération des dirigeants depuis dix-huit mois, à la fois dans les faits et par l'établissement de nouvelles règles.

Le principe de base du système de rémunération des dirigeants aux États-Unis est de rapprocher leur intérêt et ceux des actionnaires. Mais les outils pour y parvenir (stock options, bonus, attribution d'actions…) présentent de nombreux risques dont certains ont été mis en évidence dans les scandales récents : inciter à la performance à court terme plutôt qu'à la prudence et à l'investissement dans le meilleur des cas, encourager à la manipulation des comptes dans les pires[12].

Et pourtant, la tendance à la forte hausse des rémunérations des CEO depuis le début des années 90 semble perdurer dans la période récente, cela pouvant en particulier être dû à l'exercice de stock options attribuées il y a quelques années[13]. Il faut noter le pluralisme des sources et des concepts qui ne facilitent pas l'homogénéité des chiffres. Pour 2002, la rémunération des dirigeants (au sens large) aurait crû en moyenne de 55 % selon *The Corporate Library*[14], de 10 % selon *Mercer Human Resource Consulting*.

---

11. Bebchuk et Alii (2002) prennent leurs distances par rapport au modèle traditionnel : ils partent d'une théorie du pouvoir managérial et montrent que les dirigeants ont une grande latitude pour la fixation de leur rémunération dont la logique ressort ainsi plus de l'économie de rente que de la recherche d'une solution optimale au problème d'agence entre l'actionnaire et le management.

12. Bebchuk et Fried (2003) se distinguent de la littérature courante en considérant que la définition de la rémunération des dirigeants n'est pas la solution au problème d'agence mais qu'il est partie intégrante du problème parce que le management est en mesure d'exercer une forte influence sur le Conseil. L'article montre aussi comment cette capacité de manipulation des Conseils peut aisément aboutir à un système d'incitations peu efficace ou pervers.

13. Hall et Murphy (2003) partent d'une sorte de paradoxe : la distribution de stock options est assez largement considérée comme une solution peu efficace au problème d'agence, et pourtant elles sont largement utilisées. Pourquoi ? Ce serait largement pour des raisons comptables – parce que les options ne sont pas traitées en charge (sur ce point, voir J. Mistral (2003).

14. The Corporate Library (2003). Basé sur les 1 708 plus grandes entreprises américaines, dont 1 019 avaient les mêmes dirigeants en 2001 et 2002. Ce sont les rémunérations de ces seuls dirigeants qui sont étudiées.

Il est également intéressant de remettre les évolutions récentes dans une perspective plus longue : selon un chercheur de *Harvard Business School*[15], les rémunérations annuelles des dirigeants seraient passées, en dollars constants, d'un peu moins d'1m$ en 1980, à environ 1,8 M$ en 1990, pour atteindre près de 8 M$ en 2001. Alors qu'en 1980, 100 % de la rémunération était attribuée sous forme de salaire de base et de bonus, en 2001, les deux tiers l'ont été sous forme d'actions de l'entreprise (plus ou moins directement, via la distribution d'actions ou de stock options).

Ces augmentations de salaire des dirigeants sont à mettre en regard des évolutions salariales du reste de la population. Alors que, selon l'étude citée dans le paragraphe précédent, la rémunération des dirigeants a augmenté de plus de 300 % entre 1990 et 2001, le salaire minimum n'a progressé que 35 % sur la même période, passant de 3,8 $ par heure à 5,15 $ par heure.

Après tant de scandales financiers retentissants il est évident que, même aux États-Unis, ces évolutions alimentent un intense débat. Bien qu'il soit difficile de fixer des points de repère, nombreux sont ceux qui estiment par exemple que la rémunération d'un dirigeant ne devrait pas excéder vingt à trente fois celle de ses employés les moins qualifiés. Selon *Fortune*, qui a considéré les cent CEO les mieux rémunérés, ce ratio n'était pas très loin de cette cible en 1970 (ratio de 39), mais à la fin des années 90 il avoisinait plutôt les 1 000. Même *Fortune* s'en émeut. Il n'est pas surprenant que dans ce contexte de nombreuses initiatives aient vu le jour pour discipliner des tendances illustrant un certain dévoiement du gouvernement d'entreprise.

Pour rétablir la confiance des investisseurs dans le management des sociétés cotées, le Congrès, la SEC et les marchés eux-mêmes ont concomitamment adopté quatre grands types de mesures.

Fixation de la rémunération des dirigeants : de nouvelles règles imposent la mise en place d'un comité de rémunération exclusivement composé d'administrateurs indépendants ; il procédera à la fixation des objectifs du CEO et à

---

15. Hall (2003) analyse en détail les six difficultés sous-jacentes à la détermination de rémunérations fondées sur la distribution d'actions en particulier des horizons temporels différents entre le CEO et l'actionnaire, l'explosion des rémunérations à des niveaux excessifs, une incitation à prendre trop de risques, en particulier en matière d'endettement.

l'évaluation de sa performance et, sur cette base, il aura la responsabilité de déterminer sa rémunération. D'autres dispositions concernent les autres dirigeants et l'utilisation des plans de stock options.

Conventions financières entre les dirigeants et la société : la Section 402 de la loi Sarbanes-Oxley fait interdiction aux sociétés émettrices d'accorder, d'étendre ou de renouveler des prêts personnels à leurs dirigeants et cadres. La nouvelle règle vise aussi à réglementer l'utilisation des informations privilégiées par les dirigeants ; elle interdit aux dirigeants d'agir sur certains de leurs titres au cours de *blackout periods* et cela afin de rétablir l'égalité de traitement entre ces dirigeants et les autres bénéficiaires des plans de pension.

Sanctions frappant les dirigeants violant le droit boursier : dans le cas où une société émettrice est obligée de revoir ses comptes du fait d'un *reporting* financier contraire aux règles, la loi Sarbanes-Oxley prévoit que le CEO et le CFO convaincus de fraude ou de tromperie devront rembourser tout bonus et tout bénéfice sur la vente des actions de la société reçu ou réalisé dans les douze mois suivant l'établissement ou le dépôt des comptes faisant l'objet du réajustement ; ils pourront être l'objet de poursuites pénales (avec des peines allant jusqu'à l'emprisonnement) ainsi que de poursuites civiles pour le dédommagement des actionnaires.

Contrôle des actionnaires sur la rémunération des dirigeants : la SEC et les marchés financiers ont décidé de faciliter et d'étendre le contrôle des actionnaires sur l'attribution de stock options et autres mécanismes de rémunération en actions des dirigeants qui étaient jusqu'ici considérés comme « relevant des affaires courantes » de la société et de ce fait soustraits, contrairement au droit français, au vote de l'assemblée. Ces nouvelles règles ont été approuvées par la SEC le 30 juin 2003.

Il semble donc que les pratiques de rémunération des dirigeants soient prêtes aujourd'hui à évoluer, soit spontanément, soit sous l'effet de ces nouvelles règles. Il est en outre question de diversifier davantage les éléments de rémunération entre traitement de base, boni adossés aux résultats annuels, plans d'option et gratifications sous forme d'actions avec droits réduits ; l'objectif est de multiplier le nombre de paramètres influençant la rémunération des dirigeants pour que ceux-ci n'aient pas que des incitations à court terme par exemple ou que leurs rémunérations ne soient plus autant dépendantes d'évolutions boursières qui s'éloigneraient des fondamentaux de l'entreprise.

L'annonce de Microsoft au début de l'été 2003 de ne plus accorder de stock options à l'ensemble de ses employés et de leur octroyer à la place des actions à droits restreints relève de la même logique et du souci de faire prendre moins de risque aux salariés de base. Cette décision est interprétée comme l'annonce d'une nouvelle époque et beaucoup d'entreprises pourraient adopter elles aussi de nouvelles pratiques.

Évidemment, le scandale récent autour de la rémunération de Richard Grasso, le patron du New York Stock Exchange, qui a quitté son poste avec une gratification s'élevant à 139M$, a rouvert la plaie ; et pose avec acuité un problème latent depuis des années de gouvernance au New York Stock Exchange lui-même. Et cela contribuera sans doute un peu plus à la révision de ces schémas de rémunération aujourd'hui considérés comme anachroniques.

Il semble donc probable que les entreprises chercheront à l'avenir à définir de manière plus précise des indicateurs de performance des chefs d'entreprises (autres que les résultats annuels ou les cours boursiers, par exemple : l'endettement, le risque…) qui conditionneront le montant de leur rémunération.

Au-delà des CEO, une enquête de *Sibson Consulting* auprès de 69 grandes entreprises, montre que la moitié des entreprises envisage aussi une modification du mode de rémunération des membres de leurs conseils d'administration dont le rôle est élargi : 23 % envisagent une hausse des indemnités d'administrateur (car ce poste implique plus de travail hors des conseils d'administration et plus de responsabilités) ; 23 % envisagent de modifier le mélange entre rémunération fixe et rémunération adossée au cours de l'action en faveur majoritairement de la première ; 9 % envisagent d'augmenter les jetons de présence (car les réunions formelles seront le lieu d'un travail plus soutenu).

Conclusion

Il est encore trop tôt pour mesurer les effets de l'arsenal légal et réglementaire Sarbanes-Oxley sur le fonctionnement quotidien des sociétés émettrices et pour déterminer s'il répond à ses objectifs, rassurer les investisseurs et pour cela améliorer la *Corporate Governance* sans excès bureaucratique[16].

Certaines tendances, directement attribuables à la loi, commencent néanmoins à se dessiner dans le monde des sociétés cotées : pénurie d'administrateurs indépendants, hausse corrélative des rémunérations et des polices d'assurances des administrateurs, mouvement de retrait de la cote chez les sociétés de petite taille qui ne peuvent faire face aux coûts de mise en conformité avec la Loi, multiplication des poursuites civiles par la SEC. Il y a aussi les risques de retrait de la cote pour des sociétés de taille moyenne qui trouvent les surcoûts excessifs.

Après quelques mois d'application de loi Sarbanes-Oxley, on peut sans doute dire que le nouveau dispositif n'a pas encore passé le test du calcul coûts/bénéfices : les coûts de mise en conformité de la nouvelle loi sont réels – et immédiats – pour les sociétés émettrices, les bénéfices eux, au premier rang desquels la restauration de la confiance des marchés, sont nécessairement longs à se faire sentir et il y a le risque auquel Alan Greenspan a fait allusion au printemps que tout cela induise un excès de prudence dans le fonctionnement des conseils *(« a peruasive sense of caution »)*[17].

Le paysage financier américain est loin d'être définitivement stabilisé ; aujourd'hui, à l'automne 2003, le marché a retrouvé un enthousiasme qu'on ne lui avait pas connu depuis trois ans, mais cette tendance est fragile et, fondamentalement, c'est toujours le principe de précaution qui semble dominer.

---

16. Le Commissaire Glassman de la SEC a dressé, à l'occasion du 1er anniversaire de la loi Sarbanes Oxley, un état des chantiers ouverts à l'été 2003 et qui sortent du champ de cet article, en particulier la question de l'indépendance des auditeurs, la désignation des membres des Conseils d'Administration, la supervision des *hedge funds*, la régulation des agences de rating.

17. P. Wallisson (2003) est très représentatif d'un courant largement répandu dans les milieux d'affaires américains suivant lequel les suspicions, les réglementations et les précautions entourant désormais le travail des conseils d'administration devraient rehausser l'aversion pour le risque et entraver le dynamisme de l'économie.

BIBLIOGRAPHIE

L. Bebchuk et J. Fried, *Executive Compensation as an Agency Problem*, NBER WP, n° 9813, juillet 2003.

L. Bebchuk, J. Fried et D. Walker, *Managerial Power and Ret extraction in the Design of Executive Compensation*, NBER WP, juillet 2002.

M. Becht, P. Bolton et A. Roell, *Corporate Governance and Control*, NBER WP, n° 9371, décembre.

S. Bies, *Remarks at the American Bankers Association*, 16 juin (voir site de la Fed), 2002.

The Business Roundtable, *Corporate Governance Survey*, 15 juillet (voir le site du BRT), 2003.

CALPERS, « Corporate Governance Rating », *Come of age*, Conference, Amsterdam, 10 juillet (voir le site de CAPERS), 2003.

J. Core, W. Guay et D. Larcker, *Executive Equity Compensation and Incentives : A survey*, WHARTON school, WP, janvier 2002.

C. Glassman, *Remarks before the Exchequer Club*, Speech by SEC Commissioner, 16 juillet (voir le site de la SEC), 2003.

P. Gompers, J. Ishii et A. Metrick, *Corporate Governance and Equity Prices*, NBER 8449, août 2001.

A. Greenspan, *Remarks at the Stern School of Business*, NYU, mars 26 (voir site de la Fed), 2002.

B. Hall, *Six Challenges in Designing Equity Based Pay*, NBER WP 9887, août 2003.

B. Hall et K. Murphy, *The Trouble with Stock Options*, NBER WP 9784, juin 2003.

P. Hodgson, *What Really Happened to CEO Pay in 2002 ?*, A survey of CEO compensation, The Corporate Library, juin 2003.

B. Holmstrom et St. Kaplan, *The State of US Corporate Governance : What's right and what's wrong ?*, NBER WP, n° 9613, avril 2003.

B. Holmstrom et St. Kaplan, *Corporate Governance and Merger Activity in the United States*, Journal of Economic Perspectives, Spring, 2001.

J. Mistral, « Rendre compte fidèlement de la réalité de l'entreprise, dans : les normes comptables et le monde post-Enron », Rapport du CAE, La Documentation Française, 2003.

P. Wallison, « Blame Sarbanes-Oxley », *Wall Street Journal*, 3 septembre 2003.

Christian de Boissieu

Faut-il une SEC européenne ?

Le scandale Enron (2001) a été le premier sur une liste qui, depuis, s'est allongée, touchant des entreprises des deux côtés de l'Atlantique. Dans ce que j'appelle, pour simplifier, le monde post-Enron, la libéralisation financière n'est pas remise en cause mais elle s'accompagne d'un intense mouvement de « re-réglementation » visant en particulier à resserrer le dispositif prudentiel appliqué aux établissements et aux marchés financiers. C'est dans ce contexte que l'Europe financière, catalysée par l'arrivée de l'euro et l'approfondissement du marché unique qu'elle engendre, doit arriver à articuler deux forces en présence, la re-réglementation et l'intégration. La tâche est loin d'être insurmontable. Mais on saisit l'ampleur du défi qui exige des dosages subtils entre centralisation et subsidiarité, entre considérations financières, objectifs macroéconomiques et contraintes institutionnelles et politiques.

Le processus Lamfalussy : une avancée significative

La prise de conscience de réformes institutionnelles exigées par l'intégration des marchés de capitaux en Europe a débouché sur le rapport du comité des sages, présidé par A. Lamfalussy, sur « la régulation des marchés européens des valeurs mobilières » (février 2001). Dans ce rapport, il était proposé d'instaurer deux comités de coordination au plan européen, le Comité des valeurs mobilières et le Comité des régulateurs des marchés des valeurs mobilières. En pratique, seul le second a vu le jour, composé des dirigeants des commissions nationales (la COB française, avant la loi de sécurité financière qui fusionne la COB et le CMF pour constituer l'AMF, la Consob italienne, etc.). C'est ainsi qu'est née la « comitologie », issue du processus Lamfalussy, cette démarche qui vise à renforcer la coordination des régulateurs nationaux sans déboucher, du moins à court terme, sur un organisme européen central. Cette coordination comporte plusieurs dimensions : échange d'informations, préparation de nouvelles directives européennes, concertation préalable aux réunions des instances mondiales de coordination (OICV, …), etc.

Depuis deux ans, le relatif succès de la comitologie a conduit à l'étendre des marchés financiers vers les banques, les compagnies d'assurances, … Le renforcement indispensable de la coordination des régulateurs nationaux pour la banque et la finance ne doit pas masquer un certain nombre de questions et limites du processus Lamfalussy :

Des débats récurrents touchent à la composition des comités européens. En particulier la cohabitation de représentants des ministères des finances et de responsables de la BCE pose, dans certains cas, quelques difficultés.

Toute la démarche de la comitologie suppose une frontière nette entre les principes, posés dans des textes à portée générale (directives européennes, transposées dans les droits positifs nationaux par des lois, des règlements, etc.) et les mesures techniques d'application qui relèvent de la compétence de comités. En pratique, sur la plupart des sujets financiers, la frontière entre les principes et leur application est délicate.

Confier des pouvoirs régulateurs (ou quasi régulateurs) à des comités nécessite de veiller à une certaine transparence de leurs travaux et de mettre en place des circuits d'information vis-à-vis du Parlement européen, des Parlements nationaux, de l'opinion publique en général…

Quel scénario pour l'intégration des marchés financiers en Europe ?

L'intégration des marchés financiers en Europe s'opère à l'articulation de deux forces, apparemment contradictoires et en fait très complémentaires : la logique de concurrence et la logique de partenariat (un partenariat susceptible de déboucher sur le « mariage », c'est-à-dire la fusion des marchés). On retrouve cette double composante tant dans les principes généraux d'organisation des bourses que dans les caractéristiques techniques de leur fonctionnement (exemple des systèmes de règlement-livraison de titres). La création et l'extension d'Euronext relèvent clairement, entre les bourses participantes, de la logique de coopération poussée à son terme. On peut citer, dans un autre registre, l'accord entre Francfort et Zurich (donc une place non seulement en dehors de la zone euro mais hors UE) pour les marchés organisés d'instruments dérivés. En revanche, les rapports entre Euronext, Francfort, Milan, Madrid, etc. relèvent clairement de la logique de concurrence. Le cas de Londres est un peu plus complexe, puisque le rachat du LIFFE (marché organisé d'instruments dérivés) par Euronext fait que se mêlent dans les rapports entre la City et plusieurs places d'Europe continentale les deux logiques.

Au regard des économies d'échelle, il existe des différences significatives entre les établissements financiers et les marchés financiers. Pour les établissements financiers (banques, compagnies d'assurances, etc.), les économies d'échelle ont tendance à disparaître à partir d'une taille relativement basse, pour laisser la place à des rendements constants, voire à des rendements décroissants. La plupart des études empiriques le confirment. En revanche, les marchés de capitaux, sans être tout à fait un monopole naturel, s'en rapprocheraient plutôt : les économies d'échelle jouent presque sans limite, du moins avec des limites très reculées. Cela s'applique aux trois composantes des marchés financiers – la négociation *(trading)*, la compensation et le règlement-livraison. On en perçoit l'illustration concrète avec la réduction des coûts de transaction unitaires, mouvement tendanciel dans lequel se rejoignent l'impact des nouvelles technologies et l'effet taille dû à l'intégration des marchés, sans qu'il soit aisé de dissocier les poids respectifs de ces deux forces.

Donc, par le jeu des économies d'échelle, tout laisse penser que nous devrions aller vers une bourse unique en Europe (même dans l'Europe élargie), dotée d'antennes nationales dans la plupart des pays membres. La prospective financière consiste donc aussi à savoir comment aller du relatif éclatement actuel des bourses européennes, malgré la globalisation, l'euro et l'approfondissement du marché unique, à cette bourse unique et à identifier le cheminement de la transition. La rapidité de la convergence vers la bourse unique et ses modalités dépendront de la force d'attraction d'Euronext, de la stratégie choisie par Francfort, Londres (en liaison avec l'encore hypothétique entrée dans l'euro), mais aussi des places de l'Europe du Sud comme Madrid ou Milan. Elle sera également étroitement liée à l'évolution de l'environnement réglementaire et fiscal des opérations. En particulier, les modalités d'application des accords récents concernant l'harmonisation de la fiscalité de l'épargne (option pour chaque pays membre entre l'échange d'informations avec les autres administrations fiscales et une retenue à la source jugée « équivalente ») vont être décisives.

Les facteurs freinant l'intégration des marchés financiers en Europe ne vont pas pour autant disparaître du jour au lendemain. Parmi eux, le « biais national », exprimant la préférence relative des investisseurs pour des placements domestiques, ne peut être négligé ! Ce biais découle en l'occurrence non pas du risque de change (puisque, par définition, il disparaît entre les pays membres de la zone euro), mais d'asymétries d'informations persistantes – les épargnants français sont ainsi mieux informés, *a priori*, de la situation des entreprises françaises que de celle des entreprises allemandes ou italiennes – et de divergences réglementaires persistantes. On peut raisonnablement estimer que le biais national va progressivement se réduire, sans disparaître totalement, entre les membres actuels de la zone euro, mais que l'entrée prévisible dans cette zone, vers 2006-2007, des plus avancés des pays d'Europe de l'Est peut créer pour quelque temps de nouvelles asymétries d'information.

Les conséquences institutionnelles du scénario central

Le scénario central privilégié ici consiste donc à poser que, d'ici cinq à dix ans, il existera une bourse unique en Europe (avec, pour celle-ci, des frontières définies par l'appartenance à la zone euro), avec différentes ramifications nationales ou régionales. Eu égard au processus Lamfalussy actuellement à l'œuvre, la question centrale est bien celle-ci : le régulateur européen unique doit-il anticiper ou au contraire suivre la bourse unique ? Une fois de plus, c'est l'histoire de la poule et de l'œuf qui revient… Pour en sortir, je n'hésite pas à choisir la séquence suivante : passer au régulateur unique – une *Securities and Exchange Commission* (SEC) à l'échelle européenne - est susceptible d'accélérer la mise en place d'une bourse unique, à condition que celle-ci soit déjà suffisamment avancée. C'est pourquoi, dans un rapport[1] pour le Conseil d'analyse économique, nous avons proposé la date de 2008 pour la création d'une SEC européenne[2], en prévoyant qu'à cette date la bourse unique européenne ne serait

---

1. Les normes comptables et le monde post-Enron par J.H. Lorenzi, J. Mistral et Ch. de Boissieu, rapport pour le Conseil d'Analyse Economique, La Documentation Française, 2003.

pas totalement constituée. Prématuré, nous a-t-il été dit ici ou là… Mais les transformations sont parfois plus rapides qu'anticipé. Qui, après l'arrivée de l'euro, avait vraiment prévu que les propositions du Comité Lamfalussy allaient déboucher aussi vite ?

Pour surmonter les réticences naturelles qui s'expriment déjà et qui se renforceront au fur et à mesure que les échéances se préciseront, il faudra veiller à satisfaire plusieurs conditions :

Respecter autant que faire se peut le principe de subsidiarité. En fait, pour les marchés financiers comme pour les banques ou les compagnies d'assurances, la collecte et le traitement de l'information locale doivent rester confiés aux régulateurs nationaux, qui possèdent en la matière un avantage comparatif évident, alors que la centralisation de la décision au niveau européen avec une SEC supranationale va permettre de tenir compte des externalités croissantes, positives ou négatives, entre systèmes financiers nationaux.

Maintenir, en conséquence, les régulateurs boursiers nationaux qui seraient « coiffés » par la SEC européenne. On pourrait, sans la copier, s'inspirer ici des relations entre la BCE et les banques centrales nationales à l'intérieur de l'eurosystème. L'idée est que la SEC européenne devra s'appuyer sur les COB (ou AMF) nationales pour la collecte de l'information et l'établissement du diagnostic, mais aussi pour la mise en œuvre de ses décisions (disciplinaires, etc.). Un réseau hiérarchisé de régulateurs financiers et boursiers est, *a priori*, la façon de faire prévaloir le bon équilibre entre le local et le global, et de ne pas sacrifier le principe de subsidiarité à la réalité de l'intégration financière et des externalités croissantes entre les systèmes bancaires et financiers des pays membres.

Compléter rapidement le marché unique par les directives qui font défaut. Force est de constater que, face aux défis post-Enron (transparence de l'information, gouvernement d'entreprise, séparation des métiers et élimination de certains conflits d'intérêts, …), chaque pays membre de l'UE a eu tendance à réagir de son point de vue et à concocter dans son coin sa loi Sarbanes-Oxley (adoptée aux États-Unis en juillet 2002). En France, cela a débouché sur la loi de sécurité financière. Un peu plus de coordination en Europe eût été la bienvenue. C'est seulement depuis le printemps 2003 que la Commission européenne a vraiment repris l'initiative sur ces sujets, avec par exemple des projets de directive sur le gouvernement d'entreprise dans la ligne des conclusions du rapport Winter (novembre 2002). Mais d'autres sujets attendent depuis trop longtemps un traitement concerté, comme la directive OPA jusqu'à présent bloquée par l'attitude intransigeante de tel ou tel gouvernement, à tour de rôle.

Ne pas chercher à se caler sur la SEC américaine, mais tirer les leçons du fonctionnement et de l'expérience de celle-ci. A supposer qu'elle puisse servir de cible (ou de modèle), la SEC serait une cible mouvante, car les scandales depuis trois ans l'ont obligée à améliorer ses méthodes et à renouveler ses équipes dirigeantes. Mais, dans la mesure où la SEC européenne s'inscrirait dans un contexte institutionnel et politique fort différent de celui de la SEC américaine, toute imitation servile serait contre-productive.

Combiner la transition du processus Lamfalussy vers la SEC européenne avec une anticipation des progrès de la supervision et du contrôle prudentiel dans chaque pays membre. La version extrême de la coordination entre régulateurs à l'intérieur d'un même pays est représentée aujourd'hui par la FSA *(Financial Services Authority)* britannique, schéma du régulateur domestique unique, dont se sont inspirés certains partenaires européens. La FSA n'est pas nécessairement l'objectif à atteindre, et la loi de sécurité financière a probablement raison de s'en tenir, dans le contexte français, à une simplification moins drastique. *A fortiori,* la question d'une FSA européenne n'est pas et ne sera pas à l'ordre du jour avant longtemps. Mais il serait artificiel et dommageable de prétendre séparer les deux étages de la fusée, la coordination des régulateurs dans chaque pays membre d'un côté, celle des régulateurs nationaux au niveau européen de l'autre côté. Sans oublier bien sûr que l'amélioration de la réglementation et de la supervision des marchés financiers ne préjuge en rien de l'équilibre optimal à trouver, dans le monde post-Enron, entre la re-réglementation et l'auto régulation, et qu'elle doit intervenir parallèlement à la réforme du ratio de solvabilité des établissements de crédit (Bâle II).

Jean-Hervé Lorenzi, Jacques Pelletan

Recherche et place financière :
le cas de la France.

Quel paradoxe ! Tant de talents en France se sont exprimés dans la recherche mathématique et financière en France, sans pour autant faire de Paris une place financière de tout premier plan. Ceci pourrait ne pas surprendre, tout simplement parce que recherche et place financière répondent à des logiques de développement différentes. Y a-t-il réellement un lien entre la recherche fondamentale, l'innovation et la force d'une place financière ? C'est un point que nous allons explorer en commençant par cerner, à travers l'Histoire, la notion de place financière. Nous comprendrons alors que la puissance d'une place est toujours intimement liée à l'innovation qui s'y niche. Celle-ci exige, plus encore aujourd'hui qu'hier, une recherche fondamentale de qualité. Mais ce n'est pas suffisant, le cas de la France est instructif à cet égard car la recherche fondamentale ne peut donner naissance à de l'innovation que si elle est stimulée et organisée dans cette optique. Lorsque l'on sait l'importance que représente le rôle d'une place financière, aujourd'hui plus qu'hier, dans l'activité économique d'un pays, on ne peut que lancer un cri d'alarme. Une première réponse a été donnée par la naissance de l'Institut Europlace de Finance, constituant ainsi la toute première étape d'un processus qu'il importe de renforcer.

La place financière comme lieu de l'innovation

De tout temps, il ne put y avoir de place financière sans innovation. On sait que les institutions créées par les Grecs ont été indispensables aux marchands pour commercer sur les mers. Mais l'innovation était surtout celle des techniques financières ; le plus bel exemple est celui des options, connues depuis la plus haute antiquité, dont on sait qu'elles permirent à Aristote de réaliser des plus-values significatives.

Autre exemple bien connu au Moyen-Âge, même si la notion de place financière coïncidait souvent avec la place du village ou de la seigneurie[1], les innovations comptables étaient déterminantes dans le développement de régions entières[2].

Mais c'est évidemment le concept de « l'économie-monde » de Braudel qui fournit le plus clair des fils conducteurs pour comprendre l'importance de l'innovation dans ce qui fait une place financière[3]. Il permet de décrire la structuration d'une zone géographique, en zones concentriques successives. Or, chaque changement de centre financier, dans cette représentation, fut une réponse à des innovations. Le marchand vénitien du XIVᵉ ou du XVᵉ siècle, par exemple, utilisait la comptabilité en partie double, les lettres de change, et contrôlait ainsi des succursales qui possédaient une information privilégiée. Quand le centre de « l'économie monde » se déplace vers Amsterdam, c'est, là encore, le fruit d'une innovation financière : une bourse de valeurs y avait été créée en 1609. Les places financières se définissent alors comme les centres mouvants de cette « économie monde ».

Même en France, l'émergence des statistiques, puis la mise en place de grands emprunts participèrent de cette même vitalité[4]. L'effervescence était clairement, autant que celle des intendants des finances, celle des savants, rejoignant ainsi la description de Diderot : « C'est un endroit public (…) où les banquiers, négociants, agents, courtiers, interprètes et autres personnes intéressées dans le commerce, s'assemblent en certains jours, à une heure marquée pour traiter ensemble d'affaires de commerce, de change, de remise, de paiements, d'assurance de fret et d'autres choses de cette nature qui regardent les intérêts de leur commerce tant sur terre que sur mer. »[5].

---

1. J. P. Baskin, P.J. Miranti, *A history of corporate finance,* Cambridge University Press, 1997.
2. F. Crouzet, *Histoire de l'économie européenne : 1000-2000,* Paris, Albin-Michel, 2000.
3. F. Braudel, *Civilisation matérielle, économie et capitalisme XVᵉ-XVIIIᵉ siècle,* Armand Colin, 1979.
4. J. M. Thiveaud, *Histoire de la finance en France,* Paris, P.A.U., 1995.
5. J. Diderot, d'Alembert, *Encyclopédie,* Paris, 1777.

Quand, à la fin du XVIIIe siècle, le centre financier de l'Europe se déplace vers Londres, c'est encore grâce à de véritables ruptures dans la technique financière, parfois fruits de travaux beaucoup plus anciens[6]. L'organisation par actions de la Compagnie des Indes, les crédits à rémunération variable, l'amélioration des techniques comptables ou la création de la banque d'Angleterre sont autant de sources de la puissance inégalée de la place londonienne. Tout au long du XIXe siècle, de nouvelles innovations viendront encore la renforcer.

Et, lorsque le centre de « l'économie-monde », une fois encore, change et passe de l'autre côté de l'Atlantique au début du XXe siècle, il suit une route déjà tracée par les techniques du nouveau capitalisme financier, la naissance de nouvelles formes juridiques de sociétés ou la création d'agences de notation.

Tout cela nous conduit à donner notre propre définition de la place financière qui intègre cet aspect innovateur : un lieu, physique ou non, permettant de regrouper des individus ou des réseaux faisant usage de techniques innovantes, ayant pour finalité l'échange de signes monétaires et de capitaux qui donne toute sa place à la recherche fondamentale puisqu'elle est alors à l'origine de tout. Pour innover en matière financière, il faut donc une recherche théorique active. Mais est-ce suffisant ?

Le lien de la recherche fondamentale à l'innovation

Une première observation doit être faite : la recherche théorique menée en France fut souvent utilisée comme source de l'innovation américaine. La raison en est simple : le passage de la recherche fondamentale à l'innovation exige une stimulation, une organisation et une reconnaissance des activités de recherche qui ne furent jamais mises en place ici. Et pourtant, les innovations dans le monde de la finance, ont quasiment toutes eu des Français pour précurseurs : Regnault (1863), Bachelier (1900), Levy (1925), Allais (1953), ou Mandelbrot (1963). Mais leurs travaux furent redécouverts et mis en valeur ailleurs.

---

6. Voir W. Petty, *Political aritmetik,* Clavel, London, 1690. Dans cet ouvrage, Petty examine le rôle du crédit dans la stabilité du système financier.

Prenons quelques exemples :

Regnault, dès 1863, pressentit une relation gouvernant l'écart-type des variations des cours de la bourse : « Il existe donc une loi mathématique qui règle les variations et l'écart moyen des cours de la Bourse [...]. Nous la formulons ici pour la première fois : l'écart des cours est en raison directe de la racine carrée du temps. »[7] Bachelier utilisa le premier le langage mathématique du hasard pour expliquer les cours en se fondant sur des processus aléatoires de diffusion analogues à ceux de la physique[8]. Ses travaux éclaireront, bien plus tard, les réflexions d'Osborne[9] ou de Markowitz[10] dans l'étude du mouvement des cours ou la construction d'une théorie du portefeuille se fondant sur cette même évolution.

Les travaux de Maurice Allais, remettant en cause les postulats de l'école américaine, ont également été déterminants dans la construction de la science financière outre Atlantique[11]. La connaissance de l'attitude des acteurs face aux risques est en effet cruciale si l'on cherche à se positionner sur les marchés financiers.

Avec les travaux du mathématicien Mandelbrot[12], c'est une autre école de la recherche théorique qui ne parviendra pas non plus à décoller sur le vieux continent. Il généralisera le paradigme de Bachelier, ce qui permettra une meilleure compréhension de l'évolution des cours en continu. Mais, là encore, c'est le campus de Yale qui lui proposera une chaire.

Ces quelques étapes soulignent à la fois la force historique de cette recherche en finance et sa difficulté à être traduite en technique ici. Il manqua à l'évidence un lien essentiel entre la recherche fondamentale et l'innovation. Cette triste constatation pourrait, malheureusement, tout aussi bien être faite aujourd'hui.

---

7. J. Regnault, *Calcul des chances et philosophie de la bourse,* Paris, Mallet-Bachelier et Castel, 1863.
8. L. Bachelier, « Théorie de la spéculation, théorie mathématique du jeu », *Annales de sciences de l'Ecole Normale Supérieure*, 3è semestre, t. 17, 1900.
9. M. F. Osborne, « Brownian motion in stock market », *Operations research,* vol 7, p. 145-173.
10. H. Markowitz, « Portfolio selection », *Journal of Finance,* Mars 1952, p. 77-91.
11. M. Allais, « Rational behavior under risk – criticism of the postulates and axioms of the American school, *Econometrica,* vol 21, n°4, 1953, p. 503-546.
12. B. Mandelbrot, « The variation of certain speculative prices », *Journal of business,* 1963, vol 36, p. 394-419.

Une recherche fondamentale talentueuse

La recherche en France se développe aujourd'hui dans les principaux domaines d'investigation théorique, et ces travaux sont compétitifs au niveau international, en particulier dans cinq domaines fondamentaux pour la progression de la connaissance.

Reprenons les rapidement :

Comprendre la microstructure des marchés financiers :

Dans une perspective d'évaluation des actifs financiers, il faut s'interroger sur les mécanismes d'intégration de l'information et de formation des prix. L'asymétrie d'information, donnant lieu aux travaux de Laffont, Hamon et Jacquillat (1994)[13], Biais (1993)[14], ou Biais et Germain (2002)[15], est un élément incontournable de cette problématique. Par l'étude des marchés imparfaits, Jouini et Kallal (1995[16], 2001[17]) ou Dumas et Uppal (2001)[18], participent également à ce foisonnement intellectuel. Enfin, rentrer dans l'intimité du fonctionnement des marchés grâce à la finance expérimentale est essentiel (Biais et Pouget, 2000[19]), même s'il s'agit d'une grille de lecture très théorique des aléas financiers difficile à mettre en pratique. Ce premier domaine est donc très travaillé dans les universités françaises, à un très bon niveau international, sans lien évident avec le développement des marchés.

---

13. J. Hamon, B. Jacquillat, *Recherches en finance du CEREG*, Economica, 1994.
14. B. Biais, « Price formation and the supply of liquidity in fragmented and centralized markets », *Journal of finance*, 48, 1993, p. 145-167.
15. B. Biais, L. Germain, « Incentive-compatible contracts for the sale of information », *The review of financial studies*, 15, vol 4, 2002, p. 987-1003.
16. E. Jouini, H. Kallal, « Martingales and arbitrage in securities markets with transaction costs », *Journal of Economic theory*, 66(1), 1995, p. 178-197.
17. E. Jouini, H. Kallal, « Efficient trading strategies in the presence of market frictions », *The review of Financial studies*, 14, vol 2, 2001, p. 343-369.
18. B. Dumas, R. Uppal, « Global diversification, growth, and welfare with imperfectly integrated markets for goods », *The review of Financial studies*, 14, vol 1, 2001, p. 277-305.
19. B. Biais, S. Pouget, « Microstructure, incentives, and the discovery of equilibrium in experimental financial markets », *IDEI*, Université des sciences sociales de Toulouse, 103, 2000.

Quelle valorisation des actifs financiers ?

Le problème de la valorisation des actifs financiers soulève, on le sait, nombre de questions qui passionnent les économistes financiers. En France, on est particulièrement actif, comme le montrent Tirole et Holmström (2001)[20], dans l'approche originale de valorisation des actifs intégrant la question de la liquidité. Mais, là aussi, c'est encore outre-atlantique que la mise en pratique de tels résultats théoriques s'effectue.

Stabilité des marchés financiers

Comprendre la volatilité et l'instabilité des marchés grâce à l'étude de leur microstructure est actuellement un axe fort de recherche. De nombreux chercheurs oeuvrent à une refondation du modèle Principal-Agent reposant sur la théorie des jeux et éclairent ainsi la question de la stabilité sous un jour nouveau (voir les travaux de Laffont et Tirole). L'influence de la gestion alternative sur la stabilité suscite également de passionnants débats dans l'école française, dont les résultats pourraient être encore mieux exploités (voir les travaux de Amenc et Martellini, 2001[21], ou Davanne, 1998[22]).

Quelle macroéconomie financière ?

C'est évidemment une tradition forte de l'analyse macroéconomique dans nos universités. Beaucoup de questions restent aujourd'hui en suspens : l'hétérogénéité au sein d'une population d'investisseurs influence-t-elle le marché des capitaux (Voir Dumas, 1992[23]) et, par là même, les fondamentaux

---

20. B. Holmström, J. Tirole, « LAPM : a Liquidity-based Asset Pricing Model », *The Journal of Finance,* 56(5), 2001.
21. B. Amenc, L Martellini, « The brave new world of hedge fund indexes », *EDHEC-Misys research program,* 2001.
22. O. Davanne, *L'instabilité du système financier international,* Rapport au premier ministre, La Documentation Française, 1998.
23. B. Dumas, « Dynamic equilibrium and the real exchange rate in a spatially separated world », *Review of Financial studies,* 1992, 5, p. 153-180.

macroéconomiques des pays intégrés dans un système financier libéralisé ? Doit-on suivre Martin (2000)[24] lorsqu'il montre que l'impact de la libéralisation sur les pays émergents peut être négatif ? Par ailleurs, les réformes esquissées à partir de 1999, pour une *nouvelle architecture financière internationale* ont donné lieu à de brillantes recherches (Aglietta, Artus, de Boissieu, Cartapanis)[25], même si l'impact sur la régulation financière internationale est encore bien abstrait.

Mesure des risques et élaboration d'un cadre prudentiel de régulation

Faut-il le rappeler, réguler signifie, avant tout, évaluer un risque. Ici encore, plusieurs approches. L'école française (Cont, El Karaoui…) est très impliquée dans une perspective quantitative (méthodes économétriques, calculs stochastiques, modèles dynamiques…). La théorie des valeurs extrêmes, développée, entre autres, par Longin (1995)[26] est également structurante dans une perspective d'appréhension des aléas. De nouvelles perspectives sur le plan des risques réclament de nouvelles réflexions (Chiappori[27], par exemple) importantes dans la mise en œuvre du comité de Bâle 2.

Quand on fait le bilan, il est loin d'être négligeable, et pourtant les résultats en termes d'innovation sur les marchés sont bien faibles. Sans nul doute, la recherche théorique est nécessaire à l'innovation. Cependant, elle ne suffit pas à déclencher un processus innovant si elle n'est pas canalisée et adaptée. Que faut-il donc faire, dans la pratique, pour renforcer le lien entre recherche fondamentale et innovation ?

Renforcer le lien entre recherche et innovation

Il faut transformer cette capacité conceptuelle en facteur de développement d'une place financière parisienne compétitive. L'Institut Europlace de

---

24. P. Martin, « Financial integration and asset return », *European Economic review,* 44, 7, 2000, p. 1327-1350.
25. Voir *Revue Economique,* vol 52 (2), 2001.
26. F. Longin, « La théorie des valeurs extrêmes », *Journal de la société de statistique de Paris,* 1995 (1).
27. P. A. Chiappori, « Gestion alternative : quelle réglementation », *AFG-ASFFI,* Juillet 2002.

Finance est un premier pas. En fait, l'organisation et le développement de la recherche selon un processus d'innovation exige une structuration des équipes, une amplification des efforts de recherche, ainsi qu'une plus large diffusion des travaux théoriques. C'est dans cette perspective que l'Institut Europlace de Finance a lancé plusieurs actions. Une cartographie des lieux de recherche est dressée ; des programmes et des bourses sur de grands thèmes répondant aux attentes des professionnels seront proposés ; des chaires seront mises en place et des colloques scientifiques internationaux diffuseront les résultats des recherches effectuées.

Une telle initiative n'est qu'une première étape dans la structuration d'un grand réseau de recherche, dont la finalité serait l'innovation financière. Il nous semble qu'il faudrait renforcer ce mécanisme de plusieurs façons :

– La thématique des bourses et programmes de recherche pourrait s'éloigner d'une logique ponctuelle. Afin de structurer les nombreuses équipes de chercheurs autour de quelques grands types de préoccupations.
– Il serait nécessaire d'amplifier le mouvement de diffusion des résultats au-delà de colloques scientifiques, en créant, sous l'égide de l'Institut de Finance, une revue financière de haut niveau, à audience internationale.
– Dans une optique d'efficacité, il est sûrement nécessaire que l'ensemble des institutions financières de la place participent à une telle opération et, plus généralement, à la promotion de la recherche en finance.

Ainsi, si ces développements pouvaient être lancés, le lien entre recherche fondamentale et innovation financière serait renforcé et une place financière de tout premier plan pourrait enfin voir le jour.

II
CHRONIQUES
DE L'ANNÉE

Conjoncture économique,
politique et sociale

Pourquoi les prévisions économiques sont-elles revues à la baisse?

Synthèse de Patrick Artus

avec Ch. de Boissieu, M. Didier, P. Dockès, J.-H. Lorenzi

Les prévisionnistes, les entreprises en Europe sont devenus tardivement pessimistes au sujet des perspectives de croissance en 2003 dans la zone euro. Le graphique 1 montre que la prévision consensuelle de croissance pour 2003 était très bonne au premier semestre 2002, puis se dégrade continûment. Après le 11 septembre 2001, les anticipations de production sont devenues très mauvaises (graphique 2), mais elles sont restées très bien orientées. Ce n'est qu'au milieu de l'année 2002 que la gravité de la crise est apparue. On doit donc s'interroger sur les causes de cet optimisme injustifié, d'autre part sur ses effets.

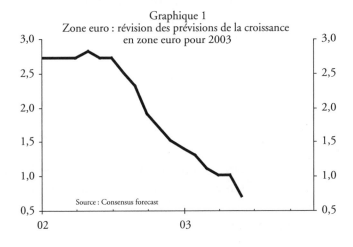

Graphique 1
Zone euro : révision des prévisions de la croissance
en zone euro pour 2003

Source : Consensus forecast

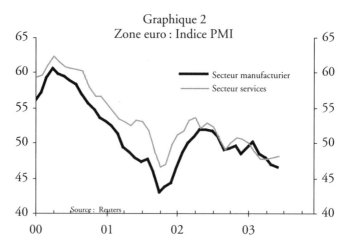

Graphique 2
Zone euro : Indice PMI

Une mauvaise analyse des causes de la crise

En 2001 et 2002, l'analyse consensuelle faite en Europe était que le ralentissement économique était entièrement importé des États-Unis, où se trouvaient les excès de capacité de production, les excès de valorisation, les scandales financiers (Enron), et où avaient eu lieu les attentats du 11 septembre.

L'Europe ne pouvait donc être affectée que transitoirement par ces évolutions, puisqu'elle n'avait pas de handicap ou de cause interne de faiblesse économique. L'argument d'absence de surinvestissement était alors beaucoup utilisé, avec un taux d'utilisation des capacités inférieur à 75 % aux États-Unis, resté supérieur à 82 % dans la zone euro.

Le consensus des analystes s'est aperçu plus tardivement que la cause de la crise était l'évolution des bilans des entreprises, et que cette cause était commune à la zone euro et aux États-Unis.

Aux États-Unis, les entreprises ont été affectées par le recul de la valeur de marché de leurs actifs (acquisitions, portefeuilles d'actions…) qui a fait considérablement monter le ratio dette/fonds propres ; dans la zone euro, le taux d'endettement des entreprises a beaucoup monté depuis le milieu des années 90 (graphique 3), et est en 2003 nettement supérieur à celui des États-Unis (65 % du PIB contre 45 % du PIB) ; cette hausse n'est pas due particulièrement au secteur des Télécoms, et est liée aux acquisitions faites en dehors d'Europe. Pour les deux cas, les entreprises souhaitent se désendetter, d'où les baisses durables de l'investissement, des stocks, de l'emploi, des acquisitions… Ce facteur commun aux États-Unis et à la zone euro avait été largement sous-estimé au premier semestre 2002.

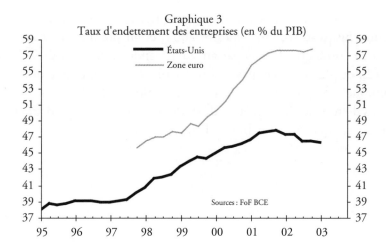

Graphique 3
Taux d'endettement des entreprises (en % du PIB)

Sources : FoF BCE

Un retard dans l'ajustement des entreprises européennes

Dès le milieu de 2001, les entreprises américaines débutent leur restructuration : remontée du taux d'autofinancement, gains de productivité (graphique 4) élevés. A l'été 2003, la dette des entreprises américaines a baissé de 7 % sur un an, leur taux d'autofinancement est voisin de 90 %, et les conditions d'une reprise de l'investissement, donc de la croissance d'ensemble, commencent à être remplies.

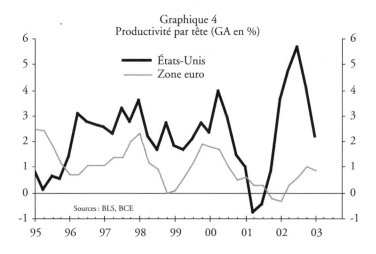

Graphique 4
Productivité par tête (GA en %)

Sources : BLS, BCE

Dans la zone euro, au contraire, la productivité progresse moins vite que les salaires jusqu'au second semestre 2002, et au premier semestre 2003 ne s'accroît toujours que de 1 % par an. Le désendettement est donc beaucoup plus tardif et plus pénible qu'aux États-Unis, ce qui implique que la reprise économique aura elle-même lieu beaucoup plus tard. Ce retard pris dans le processus de restructuration et de désendettement en Europe peut être relié à l'erreur d'anticipation du début de l'année 2002.

Faut-il revoir les règles de politique économique en Europe ?

Synthèse de Michel Didier

avec A. Bénassy-Quéré, P. Dockès, Ch. Stoffaës

Quand on évoque la politique économique européenne, on pense immédiatement à l'équilibre entre politique monétaire et politique budgétaire. L'équilibre actuel est-il adapté à la situation conjoncturelle ?

La BCE a fixé son taux d'intérêt de base à 3,25 %. Or, ce taux gêne la reprise économique ou en tout cas ne la facilite pas. La conjoncture européenne est très médiocre et elle est même menacée de rechute. Cela mériterait un taux plus accommodant, par exemple 2,50 % (avec à peu près la même inflation sous-jacente (la Réserve fédérale des États-Unis a un taux de 1,75 %). Ce qu'il faut retenir, c'est le manque de réactivité de la BCE par comparaison avec la Réserve américaine.

Un second problème est qu'il n'y a pas de politique budgétaire européenne. Il y a une règle du jeu posée uniquement pour limiter les actions des États. C'est le pacte de stabilité qui limite à 3 % du PIB le déficit public.

Lorsqu'un pays franchit la limite de 3 % plusieurs étapes sont mises en œuvre. La Commission fait un rapport. Le Conseil européen (responsables politiques représentant les États) adresse un avertissement au pays « fautif » qui doit proposer une stratégie de réduction du déficit. Si le problème persiste après quelques mois, le Conseil fait des recommandations. Si le problème persiste encore, le Conseil peut décider des sanctions : dépôt non rémunéré, puis amende. A court terme, l'essentiel de la sanction est le désagrément d'être montré du doigt. Il n'est pas négligeable. Actuellement, le Portugal, l'Allemagne, mais aussi la France sont dans le collimateur. Il y a aussi en Europe, des pays excédentaires : Finlande, Luxembourg, et des pays équilibrés : Espagne, Pays-Bas, Belgique, Irlande, Autriche, Grèce.

Le pacte fixe une bordure de sécurité mais ce n'est pas une politique.

Cette question résume un peu la problématique de l'Europe. L'Europe doit-elle être une juxtaposition de quinze États avec quelques garde-fous réciproques ? Ou bien doit-elle devenir un ensemble capable d'agir collectivement comme le fait un gouvernement dans un pays, capable de réagir à des événements comme le gouvernement américain par exemple, un ensemble capable de s'adapter en permanence au changement économique ? Cela nécessiterait une évolution politique de l'Europe. Quelques règles comme le pacte de stabilité ne peuvent pas remplacer l'action permanente d'un pouvoir politique et il faut donc d'autres règles de politique économique en Europe.

Ce qu'il faut ce sont des règles qui permettent de prendre des décisions communes chaque fois que c'est nécessaire, c'est-à-dire en permanence.

Plusieurs pistes de réforme du pacte sont évoquées :

1. Ôter les dépenses d'investissement public du calcul du déficit. Mais est-on sûr que les dépenses publiques vont élever la croissance, donc la base fiscale future (le cas du Japon est peu démonstratif) ?

2. Raisonner sur la dette et non sur le déficit : quand la croissance baisse d'un point, autoriser le déficit à augmenter d'un demi-point. Le problème est que la dette est manipulable parce qu'il y a du hors bilan. Mais c'est la dette qui pèse sur le taux d'intérêt réel (éviction de l'investissement privé), c'est elle qu'il faut limiter.

3. Raisonner sur le déficit corrigé du cycle, mais cela n'est pas très transparent.

4. Abandonner le Pacte et laisser chaque pays faire la politique budgétaire qu'il veut. C'est peu acceptable pour les pays qui ont fait des efforts.

5. Conserver le pacte en l'état car les politiques budgétaires ne sont plus efficaces de nos jours.

6. Modifier le cadre de la politique monétaire et élever le plafond d'inflation.

La question se pose non seulement pour la politique conjoncturelle, mais aussi pour la politique structurelle. On l'a vu par exemple dans la très grave crise des Télécoms et l'absence de politique européenne. Deux États (l'Allemagne et le Royaume-Uni) ont prélevé sur le secteur 130 milliards d'euros. Résultat : des opérateurs en crise financière, des équipementiers contraints à des licenciements massifs. Et après avoir contribué à plonger le secteur dans la crise, les États ne font pratiquement rien pour l'en sortir. Parce qu'ils ne sont pas capables de prendre une décision collective.

Certains économistes sont plus nets. Pour eux, il faut revoir les règles de politique économique en Europe. On a besoin d'urgence d'une nouvelle régulation et d'un retour de la réglementation. On en a besoin au niveau national qui reste fondamental, au niveau mondial car il faut éviter l'unilatéralisme américain et puis, évidemment, au niveau européen car la coordination des règles nationales est indispensable. Selon cette analyse, le capitalisme de marché nous aurait conduit à une crise de surinvestissement. La confiance est atteinte, mais les affaires Enron ou autres ne sont que des vagues de surface. Le fond du problème, c'est le surinvestissement encouragé par l'euphorie financière, donc la chute de profit réels, industriels alors même que le marché réclamait des taux de rentabilité très élevé. D'où la fuite en avant des entreprises vers la réduction des fonds propres, l'endettement, les opérations de fusion spéculative, l'aventurisme. D'où la crise de liquidité. Les fraudes sont le plus souvent celles d'entreprises prises à la gorge, pas celles d'escrocs professionnels. Face à cette situation, le retour du politique s'impose.

Sous quelles formes doit-on envisager ce retour ? La régulation macro-économique, d'abord, doit permettre de retrouver un rythme de croissance autour de 4%. Pour l'obtenir, il faudrait une régulation coordonnée à l'échelle européenne, un gouvernement économique européen qui devra définir un *policy mix* européen et équilibrer l'action de la BCE. Il faut une Europe sociale, une lutte concertée contre le chômage, la précarité et la pauvreté.

Au niveau des marchés et des entreprises, trois points sont décisifs. D'abord une surveillance renforcée sur les régulateurs privés, les auditeurs, les analystes financiers, les agences de notation et de certification. Il faut « surveiller les surveillants », ou plutôt les mettre en état de s'opposer aux pressions des entreprises. Ensuite, retrouver la réglementation elle-même, ne pas livrer l'économie à l'anarchie spéculative des marchés, que les autorités nationales ou européennes donnent des directives claires aux agences de régulation et aux autorités de la concurrence. Enfin, il faut profiter, au cours de la crise même, des difficultés des entreprises pour mettre en place à l'échelle européenne une politique des services publics, pragmatique et non idéologique (ni l'idéologie libérale d'aujourd'hui, ni l'idéologie du « tout État » d'hier).

Faut-il et peut-on réformer l'État en France ?

Synthèse de Henri Guillaume

avec É. Cohen, B. Jacquillat, J.-H. Lorenzi,
Ch.-A. Michalet, Ch. Saint-Étienne et Ch. Stoffaës

Le constat des membres du Cercle est unanime : il est temps de réformer l'État. L'immobilisme qui prévaut en France depuis des décennies crée un handicap de plus en plus insurmontable par rapport aux pays qui ont su moderniser leur gestion publique.

Ce diagnostic posé, reste la sempiternelle question : comment vaincre les obstacles qui se dressent immédiatement devant toute velléité de réforme ?

Les facteurs favorables à l'œuvre à l'étranger ne jouent guère dans notre pays. La maîtrise des finances publiques n'est pas une priorité du corps social, ni du personnel politique, quelle que soit son étiquette partisane. La question de l'efficacité et de la qualité des services publics, du rapport entre leur coût et leur performance n'est pas posée. La pression du contribuable est trop faible pour pousser les gouvernements à agir.

Il importe donc de fournir aux citoyens les moyens de se forger une opinion objective et de remédier à la faiblesse du débat sur la réforme de l'État. Cela suppose de redéfinir les missions et les résultats attendus, de procéder à une évaluation systématique, et accessible à tous, de leur productivité et de leur efficacité, comme c'est le cas dans nombre de pays étrangers.

Le second thème abordé par le Cercle concerne l'étendue et le rythme des réformes. Un certain doute affleure sur le réalisme d'une thérapie de choc générale. Il s'agit plutôt de favoriser une expérimentation dans des secteurs clés de notre avenir, comme l'enseignement supérieur et la recherche. L'approche graduelle ne dispensera pas cependant d'affronter des conflits. L'adaptation nécessaire des critères de gestion et des règles de la comptabilité publique n'est en effet pas simplement une question d'intendance laissée aux seuls fonctionnaires. Elle doit être au contraire l'expression d'une volonté politique forte de modifier les comportements et de récompenser les acteurs les plus performants.

Il est significatif de constater qu'aucun article ne fait référence aux opportunités offertes par la nouvelle loi organique du 1er août 2001, preuve s'il en est de la nécessité de renforcer le soutien politique aux initiatives en cours.

Comment lutter contre les bulles spéculatives ?

Synthèse de Jean-Paul Betbéze

avec M. Aglietta, B. Jacquillat, O. Pastre, A. Brender

Pour répondre à cette question, il faut d'abord définir ce que l'on entend par « bulles spéculatives ». D'abord, la volatilité est la façon même de fonctionner des marchés financiers. C'est la façon dont ils enregistrent les nouvelles et modifient les visions qu'ils se font de la valeur de telle ou telle action. Cette valeur dépend des valeurs actualisées des résultats de la firme, à côté de l'analyse propre à la société. Elle est donc affectée aussi par les idées que l'on se fait sur le futur. La volatilité est ainsi la façon dont les prix des actions absorbent les informations qui leur viennent.

Il y a bulle lorsque les perspectives de résultats que donnent les titres, qui ne cessent de monter, sont devenues irréalistes. Il y a contagion, mimétisme, série d'anticipations autoréalisatrices, pour créer une vision du futur qui échappe, peu à peu, à l'univers du raisonnable.

Pour apprécier la montée de cette bulle, il faut en permanence étudier les hypothèses sur lesquelles elle se fonde. Ce sont des hypothèses de croissance de l'activité et donc des profits, autrement dit des hypothèses financières. Mais ce sont aussi des hypothèses qui ont des contenus réels, puisque si une entreprise croît, il faut bien qu'elle embauche, stocke, entrepose. Et l'on a ainsi vu, à certains moments de la bulle, des valorisations d'entreprises de conseil qui supposaient qu'elles embauchaient, chaque année, la moitié des nouveaux ingénieurs européens !

Il faut donc tenter de prévenir ces bulles, sachant qu'un jour elles éclateront, et que le plus tard sera le pire. Mais prévenir comment ? Au niveau microéconomique, avec un meilleur suivi des stock options. Elles représentaient une part très importante de la rémunération des cadres dirigeants, surtout dans les nouvelles technologies, où la bulle est, en large part, née. C'était une rémunération incitative, destinée à faire converger les intérêts des dirigeants avec ceux des actionnaires, et qui poussait donc à la croissance. Elle a été dévoyée, incitant certains dirigeants à gonfler leurs résultats, parfois à les maquiller, en toute hypothèse à s'endetter et/ou à prendre plus de risques que dans une vision normale, à moyen terme, de croissance de la firme, cela pour en faire monter les cours. Il faut ajouter que les commissaires aux comptes, notamment aux États-Unis, étaient devenus moins regardants, dans la mesure où une part de plus en plus importante de leur chiffre d'affaires venait de leur activité de conseil aux entreprises… dont par ailleurs ils auditionnaient les comptes ! Enfin, les analystes financiers chargés de l'évaluation des entreprises, donc du jugement sur les valorisations des titres, travaillaient au sein de banques d'investissement qui, par ailleurs, mais pas nécessairement loin, faisaient travailler des banquiers pour faire croître les valeurs de ces entreprises, notamment au moyen de fusions et d'acquisitions… Pas de commentaires supplémentaires.

Il y avait donc un ensemble de raisons microéconomiques pour expliquer ce dérèglement. Mais il s'est également manifesté au niveau macroéconomique, puisque s'il y a bulle, s'il y a effectivement vision trop positive du futur, encore faut-il que des financements obtenus aisément, trop aisément, la valident. La bulle des titres s'accompagne (vient) toujours d'une progression trop forte de l'endettement. Elle dépasse la croissance nominale et fait donc monter la valeur des titres en en permettant plus aisément l'acquisition.

Vient donc un moment où la bulle éclate, où certaines entreprises trop endettées cèdent, où des banquiers prennent peur, où des actionnaires se retirent… et ainsi de suite. Les marches qui ont été montées une à une, puis deux par deux, se descendent quatre à quatre. Il faut alors que la politique macroéconomique accompagne le processus, autrement il y a faillites en chaîne, explosion du chômage, crise systémique. L'accompagnement est d'abord monétaire, avec des baisses de taux d'intérêt très importantes, pour que le coût du financement diminue dans les entreprises, et plus encore pour que le coût du portage baisse dans les banques. Il y a ensuite action budgétaire, parce que le ralentissement de l'activité économique conduit automatiquement à un accroissement du déficit, qu'il s'agit évidemment d'accepter, en même temps que des mesures doivent être prises pour relancer l'activité en général, soutenir ensuite certains secteurs particulièrement exposés.

Mais ces mesures d'accompagnement macroéconomiques ne suffisent pas à tout régler, même si elles sont essentielles. Il faut en effet guérir la bulle qui a éclaté, c'est-à-dire permettre aux entreprises de revenir sur le marché du financement, donc permettre aussi aux restructurations de se faire. Ce qui est socialement pénible.

Pour le futur, il faut prendre de bonnes résolutions et surtout s'y tenir, renforcer au niveau microéconomique les pouvoirs des commissions de rémunération au sein des conseils d'administration, séparer les activités de conseil et d'audit et veiller, au sein des banques d'investissement, à ce que la muraille de Chine soit bien étanche entre ceux qui financent les rapprochements et ceux qui font les analyses et les conseils. Cela dépend des lois, davantage des règles, et plus encore de la vigilance de chacun.

En même temps, au niveau macroéconomique, la jurisprudence des banques centrales doit prendre davantage en considération l'évolution des prix d'actifs, à côté de la croissance économique proprement dite, et se dire qu'on ne l'y reprendra pas… de si tôt !

Le budget 2003 peut-il être mené à bien avec une croissance économique de 2,5 % comme le prévoit le gouvernement ?

Synthèse de Michel Didier

avec P. Dockès, D. Vitry

Les avis sont assez divergents sur cette question, avec à la fois une note d'espoir mais aussi de vives critiques. Aujourd'hui fin 2002, la croissance économique n'est pas sur une trajectoire de 2,5 %. Mais l'année 2003 n'est pas encore commencée. Personne ne peut exclure une réaccélération de la croissance en 2003. Dans un scénario par exemple où la situation au Moyen-Orient se clarifierait assez rapidement, le prix du pétrole pourrait baisser à moins de 20 dollars le baril. Cela relancerait la croissance des pays consommateurs et le 2,5 % serait à notre portée. C'est une hypothèse optimiste qui apparaît aujourd'hui ambitieuse mais qui n'est pas invraisemblable.

Mais il faut reconnaître aussi qu'il y a beaucoup de problèmes. D'abord, il y a des scénarios beaucoup moins favorables, et même sans doute pour l'instant plus probables, que celui des 2,5 %, scénarios qui conduiraient à une croissance plutôt de 1 % à 2 % en 2003. Dans ce cas, le déficit des administrations aurait de bonnes chances de passer les fameux 3 % de l'infamie budgétaire européenne. Certains se demandent s'il faut adoucir les angles et revoir les critères européens. Ils ont raison car ce serait absurde de préférer le dogme à la reprise économique.

Même si la croissance se maintenait en 2003, la mauvaise conjoncture générale actuelle va peser sur l'emploi une bonne partie de 2003. Les ajustements d'effectifs sont en général décalés de deux à trois trimestres par rapport à la conjoncture. De sorte que l'emploi a toutes chances d'être médiocre en 2003. Or, les déficits sociaux sont très sensibles aux variations de l'emploi. L'Unedic, la sécurité sociale ont à faire face à de mauvaises rentrées alors que les charges augmentent. Quant aux comptes de l'Etat, ils sont aussi sensibles à l'environnement économique, mais le risque pour 2003 est peut-être un peu moindre.

Il y a bien sûr un contexte assez difficile pour les équilibres publics, d'autant plus que l'effort d'économies est resté pour l'instant très limité. Au-dessus de

2 %, le budget resterait sous contrôle et la réalisation serait en définitive et aux aléas habituels près assez proche de la prévision.

Le gouvernement a plusieurs objectifs : baisser les impôts, accroître les dépenses « régaliennes » en stabilisant les autres et maintenir le niveau des déficit publics à 2,5 %. Ce serait jouable dans une conjoncture de croissance. Mais, évidemment, si la croissance n'est pas au rendez-vous, tous ces objectifs deviennent incompatibles. Dans ce cas, les baisses automatiques des recettes et les hausses non moins automatiques des dépenses, plus la nécessité de combler le trou de la sécurité sociale, sans pouvoir compter sur les recettes de privatisation, tout cela va faire exploser le déficit.

Les analyses les plus critiques considèrent que le gouvernement a choisi d'embellir la réalité et de construire le budget sur l'anticipation irréaliste d'un taux de croissance de 2,5 %. Sans même parler du risque de guerre, de choc pétrolier, l'économie mondiale, après le plus sévère krach financier qu'on ait jamais connu, l'économie hésite entre rechute dans la récession et croissance molle. Avec en outre des « trous noirs » (l'économie japonaise et probablement l'Allemagne), et le danger d'un krach immobilier qui précipiterait les États-Unis dans la déflation.

Le mot « rigueur » a été prononcé et existe. Si ce point de vue l'emporte, la France va se retrouver dans le cercle vicieux : austérité – dépression – croissance du déficit – et donc encore plus d'austérité. Il faut au contraire laisser jouer les stabilisateurs automatiques, et accepter un déficit supérieur à 3 %. Il ne faudrait donc en aucun cas se crisper sur le pacte de stabilité. Mais derrière, il est vrai que le problème, c'est l'existence d'une Europe monétaire avec des politiques budgétaires restées nationales. Le pacte est sans doute stupide, comme tout mécanisme rigide, mais c'est tout ce dont l'Europe a été capable pour coordonner les politiques nationales, éviter le *free riding* d'« élèves turbulents » qui peuvent éviter les crises monétaires grâce au comportement de « élèves disciplinés ». Et en profondeur, le problème, ce sont les contradictions européennes, l'unification monétaire avant toute avancée politique, et maintenant l'élargissement avant tout approfondissement. L'Europe qui mélange impuissance politique et ambitions irréalistes aboutit à des rigidités anticroissance. Aujourd'hui, elle risque de représenter un danger pour le monde en accroissant la pression déflationniste globale.

Faut-il réformer l'ISF ?

Synthèse de Michel Didier

avec J.-P. Boisivon, B. Jacquillat, J.-H. Lorenzi, Ch. Saint-Étienne

La réponse est plus ou moins nuancée mais un très fort courant se dégage pour considérer que l'ISF est un impôt absurde et incohérent. L'ISF devrait être profondément réformé ou mieux encore supprimé.

L'impôt sur la fortune a d'ailleurs été déjà supprimé puis recréé une fois, et très souvent modifié. C'est dire que les gouvernements successifs n'ont pas les idées claires sur l'impôt sur la fortune. Aujourd'hui, l'ISF est critiqué par exemple parce qu'il fait fuir à l'étranger les capitaux investis dans les entreprises alors qu'il exonère les fortunes investies en œuvres d'art, ce qui n'est ni économique ni juste. Une réforme s'impose, mais il faut le reconnaître avec beaucoup de difficultés inhérentes à ce type d'impôt, qui comporte beaucoup d'effets de seuil donc d'effets pervers.

Il y a deux ans, un parlementaire avait été nommé par le gouvernement Jospin pour proposer des réformes. Il avait bien résumé dans son rapport le problème à résoudre : « Il faut chercher à ce que l'ISF ne soit pas considéré comme une sanction de la réussite mais comme une juste contribution aux efforts de solidarité du modèle français. » Mais comment faire pour passer d'un « impôt sanction » à un « impôt contribution » ? Il y a plusieurs questions en débat.

Première question en débat : celle de la base et du taux. Un impôt contribution est un impôt à base large et à taux modéré. Un impôt à base étroite et à taux élevé est rapidement considéré comme un impôt sanction. Or l'ISF est un peu dans la deuxième catégorie (base étroite, taux très élevé) parce qu'il y a deux types d'exonération : les œuvres d'art et les biens professionnels. Le résultat est que le taux est très élevé, au moins pour les tranches du haut. Prélever 1,5 % ou 1,8 % du capital, c'est quelquefois prélever la quasi-totalité de la rentabilité du capital, ce qui est économiquement absurde et fiscalement confiscatoire.

Deuxième question, plus technique : la question du plafonnement. Il existe dans le code des impôts une règle de bon sens qui limite la somme de ce que doit payer un contribuable en ISF et impôt sur le revenu au total des revenus nets qu'il a effectivement reçus. En 1996, le gouvernement Juppé a modifié cette règle, de sorte que certains contribuables peuvent avoir à payer plus que leurs revenus. D'où une forte incitation à s'installer ailleurs qu'en France lorsque son patrimoine augmente. Il y a là une anomalie évidente.

Le problème de fond est double. 1) Premier aspect : En soi, une contribution modérée assise sur le patrimoine, cela n'est pas choquant. Ce que l'on constate en pratique, c'est que les pays qui s'y sont essayés ont tous eu beaucoup de difficultés à trouver des modalités d'application qui ne soient pas trop perverses. Et beaucoup d'entre eux ont renoncé. Ils ont tout simplement supprimé l'impôt sur la fortune. C'est le cas de l'Allemagne ou du Danemark. 2) Deuxième problème : est-il vraisemblable de déclarer en Europe la libre circulation des biens et des capitaux et d'avoir des systèmes aussi disparates d'imposition des biens et des capitaux ? L'impôt sur la fortune n'existe que dans cinq pays sur quinze en Europe. Voilà de beaux sujets de débats pour les années à venir.

Certains proposent donc la suppression pure et simple de l'ISF pour plusieurs raisons : C'est un impôt confiscatoire car un taux de 1,5 % ou 1,8 % du capital peut souvent dépasser le rendement du capital. De plus, les œuvres d'art et l'outil de travail étant exclus, c'est donc un impôt injuste. Enfin, c'est un impôt dangereux car il exige que les contribuables déclarent tous les éléments de leur fortune. On imagine ce que certains régimes totalitaires auraient fait s'ils avaient eu entre les mains de tels fichiers. C'est un élément rarement mentionné, mais cet impôt peut être considéré comme une véritable atteinte aux libertés individuelles.

Il y a donc beaucoup de raisons de supprimer un impôt confiscatoire et contre-productif, qui a fait fuir plus de 100 milliards d'euros de capital hors de France depuis 1996, avec des pertes associées de revenus et d'impôts pour l'État (impôts sur le revenu, TVA, et autres impôts qui auraient été payés sur ce capital de 100 milliards d'euros qui est parti) donc des pertes d'impôts qui dépassent le rendement actuel de l'ISF. Malgré toutes ces raisons de supprimer l'ISF, il est vrai aussi qu'il est probablement difficile de le supprimer car nous n'avons pas en France le niveau de maturité nécessaire pour accepter de supprimer un impôt même stupide. Si on ne le supprime pas, que faire pour réduire ses inconvénients ?

Si l'on analyse le développement économique dans les pays ayant la croissance la plus dynamique, on note que la source essentielle de croissance réside dans l'essor des entreprises de taille moyenne ayant un capital détenu par la famille des créateurs de l'entreprise, c'est-à-dire les créateurs eux-mêmes s'ils sont encore aux commandes, ou leurs descendants. Or l'ISF frappe les actionnaires familiaux qui ne bénéficient pas de la clause de l'outil de travail, clause qui permet aux dirigeants d'échapper à l'impôt lorsqu'ils détiennent en direct plus du quart du capital. Cette clause a beaucoup d'effets pervers car elle conduit certains dirigeants à quitter la France lorsqu'il est nécessaire de faire rentrer de nouveaux actionnaires dans l'entreprise avec pour effet de faire baisser leur participation en dessous de 25 %. Dans d'autres cas, un chef d'entreprise âgé peut être conduit à se maintenir à la tête de l'entreprise pour ne pas payer l'ISF.

Une mesure innovante serait que les actions apportées à un pacte d'actionnaires d'une durée de sept ans et rassemblant au moins 35 % du capital des entreprises ne seraient pas prises en compte dans la base de calcul de l'ISF. En effet, de tels pactes seraient de nature à favoriser le développement des entreprises en contrepartie d'une perte de liquidité pour les actionnaires concernés. Cette mesure permettrait d'éliminer l'effet nocif de l'ISF sur le développement des entreprises françaises, créatrices de valeur et d'emplois.

Il est aussi intéressant de resituer l'ISF dans le contexte fiscal français. Dans la réalité, comme toujours, on a tendance à traiter les questions fiscales sans grande méthode, impôt par impôt, et non pas dans le cadre de l'ensemble de ce que paient les acteurs économiques, ce qu'on appelle l'architecture des prélèvements. L'intérêt et l'efficience d'un impôt se jugent par rapport à plusieurs critères : il faut financer les dépenses publiques générales, rendre plus équitable la distribution des revenus, enfin être efficace sur le plan de la croissance économique. Par rapport à tout cela, l'I.S.F. c'est à la fois un tout petit élément de l'architecture générale des impôts qui ne contribue que très marginalement au problème du financement des finances publiques, qui est assez caricatural sur le plan de la redistribution et qui est totalement anti-économique.

Tout simplement parce que chacun sait qu'une grosse partie des patrimoines important a quitté le territoire vers des pays où n'existe pas d'impôt sur le capital comme la Grande-Bretagne, la Belgique, la Suisse et l'Allemagne. Cet argent, peut-être plusieurs centaines de milliards d'euros aurait été très utile pour renforcer les structures financières de nos entreprises.

On est vraiment en plein désordre intellectuel puisque depuis sa création en 1982, l'ISF a été successivement supprimé, amendé, transformé, sans que la conviction d'une solution satisfaisante n'ait jamais été acquise. Le vrai sujet, dans les faits, c'est que cet ISF qui ne porte que sur le patrimoine immobilier et financier est très mal calibré puisque lorsqu'il dépasse 1,5 % du capital (ce qui est le cas), il finit par prélever l'ensemble des revenus du capital. Ne l'oublions pas, il y a déjà un prélèvement par l'impôt sur ces revenus.

Il faudrait vraiment agir pour pouvoir récupérer une large partie des fortunes délocalisées, mais cela supposerait une amnistie fiscale qui paraît pour l'instant peu probable. En revanche, une chose simple pourrait consister à le rendre déjà moins incohérent, moins confiscatoire, avec l'idée cependant de ne pas perdre de recette fiscale. La proposition du Conseil national des impôts est d'élargir la base et d'en réduire les taux. Le Conseil avait proposé de supprimer les exclusions, notamment l'outil de travail et de passer à une fourchette allant de 0,4 à 0,9.

Pour mieux faire percevoir le contexte dans lequel se situent la question de l'ISF et ses enjeux, on peut se livrer à un petit exercice :

Imaginons un entrepreneur qui à 65 ans cède l'entreprise qu'il a créée pour 6 millions d'euros. Il acquitte 1,5 million d'impôt sur les plus-values et se retrouve à la tête d'un capital de 4,5 millions qu'il investit, en homme prudent, 1/3 en immobilier, 1/3 en actions et 1/3 en obligations.

Passons les détails de calcul réalisés sur la base des taux de rendements moyens de ces différents actifs et de leurs régimes fiscaux propres. Après impôt sur le revenu au taux maximum ou sur la base du prélèvement libératoire et après paiement de la CSG, le revenu de notre homme s'établit à 70 000 euros environ. Il va alors être redevable d'un ISF de 35 000 euros. Il lui reste donc 35 000 euros toutes impositions acquittées, ce qui correspond à un taux de rendement nominal de son capital de 0,8 %. Si l'inflation est de 2 % le rendement réel est négatif et s'élève à : −1,2 %. A sa mort, à 80 ans, son capital a été amputé de 25 % et, sur ce qui en reste ses héritiers auront la joie de payer 25 à 30 % de droits de succession pour se retrouver eux-mêmes dans la même moulinette. Quels sont les enseignements de cette histoire ? Une histoire qui ne concerne évidemment pas directement la majorité de nos concitoyens mais qui n'est pas exceptionnelle. Les enseignements sont de deux ordres.

Premièrement, quand on empile des impôts sur une même assiette (impôt sur le revenu, CSG, ISF, droits de succession) on aboutit à une expropriation qui même progressive n'en est pas moins douloureuse. On crée ainsi les conditions et à la limite on justifie des comportements de survie chez les contribuables. Que peut faire notre homme ? D'abord, il vend son immobilier, ce qui va contribuer à accentuer la crise de l'immobilier locatif. Ensuite, il transfère son patrimoine à l'étranger, ce qui ne contribuera pas à renforcer l'actionnariat national des entreprises françaises. On pourrait répondre à cela que la France peut se passer de riches, de surcroît lorsqu'ils sont de mauvais patriotes.

Vous vous souvenez que lorsqu'on conduisait Lavoisier à la guillotine, il s'est aussi trouvé l'imbécile de service pour proclamer que la République n'avait pas besoin de savants.

Avec l'ISF, nous sommes confrontés à notre propre incohérence. Nous avons collectivement opté pour l'ouverture internationale dont nous avons tiré un immense bénéfice en termes de niveau de vie. Mais en maintenant, en économie ouverte, un système fiscal et des taux de pression fiscale qui s'écartent significativement de ceux de nos principaux partenaires, nous mettons en cause la compétitivité qui est la condition même d'une participation profitable aux échanges internationaux. Comme le met en évidence une étude récente de l'Institut de l'entreprise, les principaux pays européens ont mis en place ou sont engagés dans des stratégies fiscales qui ont comme objectif principal la compétitivité. A l'opposé, jusqu'à ces derniers mois, la France a mis en œuvre un simple programme de réduction d'impôts, même s'il est finalement très coûteux.

Un calcul économique simple montre l'incohérence de l'ISF. Le taux de rendement réel brut d'un patrimoine ne peut excéder 4 % l'an sur le long terme. Le taux d'impôt sur le revenu des tranches supérieures – CSG comprise – est d'environ 60 %. Tout impôt sur la fortune supérieur à 1,6 % vise purement et simplement à supprimer tout revenu du capital. Ce faisant, il entraîne le contribuable à consommer progressivement son patrimoine. Ce qu'il en restera après une génération de prélèvements sera alors confisqué par l'impôt sur les successions. Les chiffres officiels viennent conforter cette analyse. La tranche à 1,6 %, à partir de laquelle commence à coup sûr la spoliation, démarre à 6 millions et demi d'euros. 2 600 contribuables déclarent un patrimoine supérieur à ce montant et acquittent à eux seuls 35 % du total de l'ISF.

Un impôt qui ne concerne principalement que 2 600 personnes est-il encore un impôt ? Ou n'est-il pas plutôt un « racket nominatif » ? Pire ? à 15 millions d'euros de patrimoine, le taux marginal d'ISF est de 1,80 % et le taux moyen de 1,34 %. Mais ces taux sont tous plus symboliques que réels car à partir de ces seuils, les contribuables cherchent toutes les solutions possibles pour échapper à une telle spoliation. Et toutes ont un effet négatif sur l'ensemble de l'économie. Qu'on en juge.

Première solution : accumuler autant que possible des biens exonérés à commencer bien sûr par l'outil de travail avec pour conséquences le risque de népotisme familial, d'insuffisante ouverture du capital, de malthusianisme des entreprises.

Deuxième solution : vendre la totalité de l'entreprise, de préférence à un étranger, et délocaliser la fortune dans un pays européen voisin. Pudiquement passé sous silence, qualifié par Bercy de marginal, ce phénomène aurait entraîné une sortie de patrimoine imposable de 600 milliards de francs, qui ne sont désormais plus taxables, et notamment pas à l'impôt sur le revenu, ce qui entraîne une perte sur recettes d'au moins 3 milliards d'euros, montant qui dépasse le produit de l'ISF annuel. Le rendement de l'ISF est donc négatif!

Faut-il aller plus loin dans la baisse des charges des entreprises?

Synthèse de Christian Saint-Étienne

avec A. Bénassy-Quéré, J.-P. Betbéze, Ch. de Boissieu, P. Cahuc, J.-D. Lafay,
J.-H. Lorenzi, Ch. Stoffaës

La valeur ajoutée des entreprises représente environ 85% du PIB, de sorte que la dépense publique est essentiellement financée par des prélèvements directs ou indirects sur la valeur ajoutée marchande.

Que ces prélèvements interviennent sur la valeur ajoutée par la taxe à la valeur ajoutée ou TVA sur le bénéfice, dérivée de la production de valeur ajoutée via l'impôt sur les sociétés (IS), sur les salaires versés sous forme de charges salariales, sur le revenu des salariés sous forme d'impôt sur le revenu, tous les prélèvements sont directement ou indirectement des prélèvements sur la valeur ajoutée marchande de l'économie.

Néanmoins la question clé est de déterminer quels sont les prélèvements sur les entreprises qui ont l'effet le plus anti-économique, c'est-à-dire ceux qui provoquent la perte d'activité économique la plus forte pour un euro d'impôts effectivement perçu par l'État?

Quels sont les impôts les plus anti-économiques selon ce critère?

Trois impôts posent problème à la fois parce qu'ils découragent l'activité en soi, mais aussi parce qu'ils découragent la localisation de l'activité économique en France. Ce sont l'IS, l'impôt sur les sociétés, l'ISF, l'impôt sur la fortune qui touche notamment les propriétaires résidents des entreprises, et les charges salariales qui introduisent un gros écart entre le salaire net qui motive le salarié à travailler et le salaire brut 'chargé' qui démotive l'employeur. C'est l'interaction de ces trois impôts qui produit des effets dévastateurs. En ce qui concerne l'impôt sur les sociétés, la baisse du taux de l'IS dans la plupart des pays concurrents de la France conduit à souhaiter que le taux de l'IS soit ramené rapidement de 33% à 25%, afin d'encourager les entreprises françaises à investir en France plutôt qu'à l'étranger, et les entreprises étrangères à localiser leur activité en France. Pour l'ISF, il faut souhaiter que l'on permette de ne pas imposer les actions apportées à des pactes d'actionnaires visant à stabiliser un actionnariat favorisant des politiques stratégiques ambitieuses de la part de nos entreprises.

La question des charges salariales

En ce qui concerne les charges salariales, il faut éviter que l'écart entre le salaire net et le coût salarial complet, incluant les charges patronales, ne soit trop élevé au point de décourager les salariés de travailler et les entreprises d'embaucher. Car un salarié vivant en Alsace, dans le nord de la France, ou dans les régions proches de l'Italie et de l'Espagne compare les salaires nets après charges salariales et impôt sur le revenu avant de travailler pour tel ou tel employeur. Pour un salaire brut de 1 500 euros, le coût complet en France dépasse 2 300 euros pour l'employeur alors que le salarié français recevra moins de 1 200 euros nets, c'est-à-dire à peine plus de la moitié. Le coût complet payé par l'employeur pour le même salaire sera inférieur de 100 à 200 euros par mois dans les pays voisins tandis que le salaire net reçu par l'employé sera supérieur de 100 à 200 euros à l'extérieur par rapport au niveau français.

L'écart entre coût salarial et salaire net perçu, et l'importance de cet écart par rapport aux pays concurrents, s'accroît pour les salaires des travailleurs qualifiés, ceux qui sont le plus à même de se délocaliser. De ce point de vue, il faut réduire toutes les charges salariales et non pas seulement celles portant sur les bas salaires. D'autant plus que les exonérations de charges sur les bas salaires ont montré leur efficacité. Elles représentent environ 1,2 % du PIB et réduisent le taux de cotisation employeur de 45 % à environ 20 %. Ces exonérations créent des emplois pour un coût modéré en comparaison à d'autres politiques, comme les emplois jeunes ou la prime pour l'emploi. Bien que l'on ait dit que ces exonérations pouvaient conduire à une « trappe à bas salaire », il n'y a pas de signe de ralentissement de la progression des carrières salariales. Enfin, ces baisses de charges permettent d'intégrer dans l'emploi des personnes faiblement qualifiées qui désirent travailler mais qui resteraient au chômage en l'absence de baisse du coût du travail.

La réduction des charges portant sur les entreprises en général, et sur les salaires en particulier, doit s'inscrire dans une réflexion globale sur la compétitivité du site de production France par rapport aux autres pays membres de la zone euro et aux autres grands pays industriels.

La France ne soutient-elle pas trop la consommation aux dépens de l'investissement?

Synthèse de Patrick Artus

avec P. Dockès, M. Didier, J.-P. Betbéze, D. Vitry

Les mesures de politique économique prises en France depuis deux ans visent essentiellement à soutenir la demande : baisse des impôts directs en 2002-2003, puis à nouveau sous une forme encore incertaine en 2004 ; normalement baisse de la TVA sur la restauration en 2004 ; augmentation des quotas d'emplois aidés pour les jeunes peu qualifiés. Fait exception, la réforme des retraites de 2003, qui impliquera une hausse du taux d'activité des salariés de plus de 55 ans, donc un soutien de l'offre.

Pourtant, aussi bien dans une logique de court terme que dans une logique de moyen terme, il semble qu'il faudrait privilégier le soutien de l'investissement des entreprises et de l'offre de biens.

A court terme, l'excès d'endettement mène le cycle conjoncturel

Le recul conjoncturel européen (français) n'est pas dû à une correction de la demande des ménages : la consommation résiste assez bien et l'investissement logement résiste très bien (sauf en Allemagne) ; grâce à la baisse des taux d'intérêt (graphique 1). Dans une crise keynésienne habituelle, le recul de l'activité vient de la baisse de la demande des ménages, de la hausse de leur taux d'épargne. Une réaction raisonnable de politique économique consiste alors à compenser cette hausse par une baisse de l'épargne publique, c'est-à-dire par un soutien de la demande par les déficits publics.

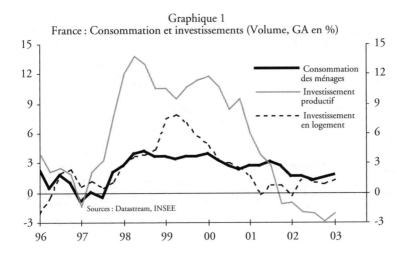

Graphique 1
France : Consommation et investissements (Volume, GA en %)

La crise de 2000-2003 vient au contraire du recul de l'ensemble des dépenses des entreprises (investissement, stocks, masse salariale, recherche, acquisitions...) avec l'adoption d'un objectif de désendettement. Il n'y aura de reprise économique que lorsque les entreprises se jugeront suffisamment désendettées et réinvestiront.

L'objectif légitime de la politique économique est alors d'aider les entreprises dans ce processus de désendettement, et de le rendre le moins coûteux possible pour l'économie. On peut songer à une baisse forte des taux d'intérêt, pour limiter le coût financier de l'excès de dette ; à une baisse des charges, pour réduire la perte d'emplois. Le soutien de la demande des ménages certes soutient l'activité, mais n'accélère pas le désendettement, et ne le rend pas moins coûteux en chômage.

A moyen terme, le soutien de l'offre est indispensable avec le vieillissement

Le vieillissement consiste à ce qu'il y ait moins de producteurs (les actifs) par consommateur, en raison de la hausse de la proportion des consommateurs non producteurs (les retraités). De 2003 à 2040, le nombre de retraité par actif va passer de 0,38 à 0,67 (graphique 2).

Le problème essentiel est donc le risque de baisse de la production par habitant si la production par actif (la productivité) n'est pas accrue, ou si le nombre d'actifs n'est pas soutenu.

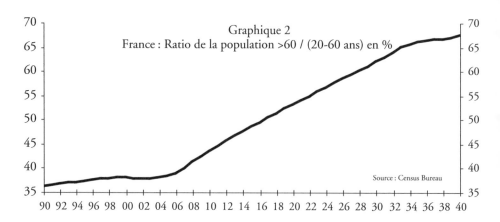

Graphique 2
France : Ratio de la population >60 / (20-60 ans) en %

Source : Census Bureau

Or, les gains de productivité sont très faibles en France (graphique 3), et de plus, les taux d'activité des jeunes de moins de 25 ans ou des salariés de plus de 55 ans sont faibles par rapport aux pays anglo-saxons ou au Japon (tableau 1).

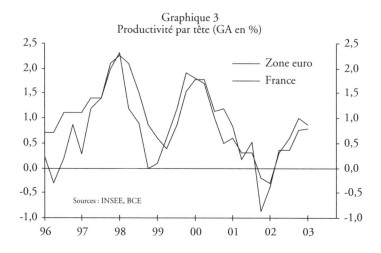

Graphique 3
Productivité par tête (GA en %)

Zone euro
France

Sources : INSEE, BCE

Soutenir la demande ne prépare donc pas du tout au vieillissement. Avant qu'il débute, on devrait songer à des politiques de soutien de l'offre de biens : contrats publics pour les entreprises technologiques, investissements publics en infrastructures de IT, incitations (du côté des salariés et des employeurs) au maintien à l'emploi des plus de 55 ans.

Tableau 1 : Taux d'activité par tranches d'âges

Hommes et Femmes	1990			2000			2001		
	15 à 25	25 à 54	55 à 64	15 à 25	25 à 54	55 à 64	15 à 25	25 à 54	55 à 64
France	36,4	84,1	38,1	29,3	86,2	37,3	29,9	86,3	38,8
Allemagne	59,1	77,1	39,8	52,5	86,5	44,7	52,2	86,4	41,5
Royaume-Uni	78	83,9	53	69,7	84,1	52,8	61,1	83,9	54
États-Unis	67,3	83,5	55,9	65,9	84,1	59,2	64,6	83,7	60,2
Japon	44,1	80,9	64,7	47	81,9	66,5	46,5	82,2	65,8

Source : *perspective de l'emploi 2002*
OCDE

Comment le gouvernement peut-il résoudre le problème des retraites?

Synthèse de Jean-Pierre Boisivon

avec P. Artus, J.-P. Betbéze, M. Didier, C. Lubochinsky

Avec le problème des retraites, le gouvernement est confronté à un problème techniquement simple et politiquement très difficile.

Il est techniquement simple du double point de vue du diagnostic et des voies de solution.

Il n'était probablement pas nécessaire de consacrer dix ans et quatre rapports majeurs depuis le livre blanc de M. Rocard jusqu'au rapport de J.-M. Charpin pour démontrer que l'équilibre financier d'un système de retraites par répartition ne peut pas survivre à une modification significative du rapport entre le nombre d'actifs et le nombre de retraités. Une croissance forte ne change rien au problème qui est celui du partage du revenu entre actifs et retraités. Or, quelle que soit la croissance future, il y aura moins de cotisants et plus de retraités.

Le choix entre les trois solutions possibles est lui-même plus simple qu'il n'y paraît dans la mesure où deux d'entre elles sont mauvaises – elles sont perdant-gagnant – et qu'une seule correspond à une situation gagnant-gagnant.

L'augmentation des cotisations qui consiste à appauvrir les actifs pour maintenir le niveau de vie des retraités est de surcroît dangereuse car, en renchérissant le coût du travail, elle fabrique du chômage qui aggrave lui-même le déficit des régimes de retraite. La baisse du niveau des pensions ou la limitation de leur hausse conduit à une paupérisation absolue ou relative des retraités qui peut se révéler difficile à gérer politiquement et socialement. Le mécanisme a pour autant été mis en place depuis dix ans pour les retraites du secteur privé qui ne sont plus indexées sur les salaires des actifs mais sur les prix.

L'accroissement de la durée de cotisation en fonction de l'allongement de la durée de vie est la seule voie de réforme qui soit gagnant-gagnant. En effet, en freinant la diminution du nombre d'actifs, elle stimule la croissance et donc le niveau de vie général, et en ralentissant parallèlement la croissance du nombre de retraités, elle permet de maintenir un meilleur équilibre entre actifs et retraités. Tous les pays européens qui ont réformé leurs systèmes de retraite ont privilégié cette approche qui n'est pas incompatible avec la liberté du choix de l'âge de départ, à travers un système de décote et de surcote.

Mais le problème des retraites est politiquement très difficile pour deux raisons principales.

La première est qu'il concerne prioritairement le secteur public dont on connaît la capacité de résistance aux tentatives de réforme. Or la réforme des retraites des fonctionnaires et des régimes spéciaux ne peut pas être éludée à cause de son enjeu financier – le déficit des régimes publics augmentera plus vite que celui des régimes privés – et pour de simples raisons d'équité. En effet, les fonctionnaires et assimilés cotisent moins, moins longtemps, pour un taux de remplacement supérieur et ils bénéficient toujours de l'indexation de leurs pensions sur la rémunération des actifs. Dans ces conditions, il paraît difficile de demander aux salariés du privé d'accepter l'effort qu'ils vont devoir poursuivre sans unifier les systèmes.

La seconde tient au fait que la réforme d'un système de retraite est un processus long qui, à l'échelle du temps démocratique, a toutes chances de chevaucher des majorités politiques différentes. Il exige donc un consensus minimum et la maturité politique, de part et d'autre, de ne pas remettre en cause ce qui a été fait par les prédécesseurs. Nous en sommes, en France, malheureusement loin.

De toute façon, les déséquilibres démographiques annoncés sont d'une telle ampleur que le recours à la capitalisation à titre complémentaire est inévitable. L'Allemagne, la Suède, l'Italie l'ont mis en place. En France, seuls les fonctionnaires en bénéficient. Commençons donc par instaurer la Prefon pour tous.

Que pensez-vous des propositions du gouvernement sur les retraites ?

Synthèse de Christian Saint-Étienne

avec J.-H. Lorenzi, O. Pastré, D. Vitry

Un consensus est progressivement apparu sur le dossier des retraites en France :

– Le régime de retraite en répartition doit rester le régime fondamental du système. Comme l'a montré le rapport Charpin, l'allongement de la durée de cotisation est le seul moyen de consolider ce système sans alourdir le coût du travail. L'allongement de la durée de cotisation est plus juste qu'un recul de l'âge de départ à la retraite, compte tenu de la variabilité des âges d'entrée dans la vie active. A propos de l'allongement nécessaire de la durée de cotisation, on pourrait préférer, comme la plupart des syndicats, augmenter les cotisations car c'est apparemment plus indolore. Mais comme tous les pays concurrents ont choisi de ne pas alourdir le coût du travail, l'augmentation des cotisations en France seule conduirait à plus de chômage.

– Le régime de retraite en répartition doit être complété par un mécanisme d'épargne retraite en capitalisation. Ce régime doit être en capitalisation, non pas pour des raisons idéologiques (satisfaire le gros capitaliste à cigare), mais parce que cette épargne sera investie majoritairement en actions. Nous avons besoin d'une source nationale d'épargne en actions pour stabiliser les actionnariats de nos entreprises. Naturellement, toute épargne en actions est risquée. Il faut donc mettre en place des règles prudentielles strictes. Mais la meilleure protection contre le risque vient de ce que le régime en capitalisation sera subsidiaire : environ un cinquième des flux de retraite vingt ans après sa mise en place. L'optimum est d'ailleurs proche d'une situation où la répartition assure les trois quarts des flux et la capitalisation, un quart. Il ne s'agit donc pas de « vider » la répartition, mais de la compléter par une épargne en actions qui protège indirectement nos emplois productifs. Cette épargne retraite en capitalisation peut se décliner en épargne collective au sein de l'entreprise et en épargne individuelle.

– Il est urgent de consolider le système de retraite et de clarifier les conditions de son équilibre futur afin de rassurer les ménages et de favoriser la consommation et l'investissement.

Compte tenu de ce background, que propose le gouvernement ?

Régime en répartition

Aligner le public sur le privé avec 40 ans de cotisations d'ici 2008, puis 42 ans pour tous d'ici à 2020 est une bonne chose. Mais les besoins de financement du régime en répartition à l'horizon 2020 ne sont pas entièrement couverts par ces mesures. On peut également noter le pas positif en direction d'une plus grande neutralité actuarielle du régime en répartition, ce qui conduit à mieux ajuster le niveau des retraites en fonction des durées individuelles de cotisation. Toutefois, pour rendre ces mesures applicables, il faudra veiller à l'employabilité des travailleurs de plus de cinquante ans par une politique de formation adaptée.

Épargne retraite

Le projet de loi crée des règles communes d'exonération des cotisations pour les différents produits d'épargne retraite. Parallèlement à la mise en place de plans partenariaux d'épargne salariale volontaire retraite (PPESVR), il prévoit la création d'un nouveau produit pouvant être souscrit individuellement, le plan d'épargne individuel pour la retraite (PEIR). Contrôlés par la Commission de contrôle des assurances, les PEIR auront des actifs strictement cantonnés et seront dotés d'un comité de surveillance représentant les épargnants.

La mise en œuvre de ces dispositions devra faire l'objet d'une grande attention. Les seuils d'exonération des cotisations détermineront largement le niveau de l'épargne induite.

Consolidation de la consommation

Si les propositions du gouvernement semblent raisonnables, sous réserve de la mise en œuvre des compléments indiqués ci-dessus, peut-on considérer qu'il a agi avec suffisamment de célérité et d'ambition pour rassurer les Français sur leur retraite afin de favoriser leur consommation immédiate ? On ne pourra vraiment répondre à cette question que lors de la prochaine reprise économique car la faible conjoncture observée en 2003 contribue fortement à fragiliser le désir de consommation.

L'objectif d'une croissance économique de 3 % par an pour la France est-il possible durablement ?

Synthèse de Michel Didier

avec M. Aglietta, Ch. de Boissieu, O. Pastré, J.-P. Pollin

Les points de vue sont apparemment divergents au niveau de l'analyse mais en définitive assez convergents au niveau des conclusions. Première vision : 3 % de croissance pour la France, c'est possible durablement. Nous avons fait 3 % et même un peu plus il y a trois ou quatre ans dans un environnement et des circonstances tout à fait exceptionnels, et nous avons buté sur nos capacités de production. On peut sans doute pour l'avenir viser une tendance durable de 3 % par an à condition de changer beaucoup de choses dans notre pays.

Une croissance plus forte est souhaitable. Il faut simplement savoir que 1 % de croissance en plus ou en moins, cela fait un écart de 40 % sur une génération. Or la croissance, c'est le niveau de vie. Nous n'avons pas les moyens d'une relance classique aujourd'hui parce que nous avons dépensé nos cagnottes il y a trois ans. De toute façon, une relance budgétaire est souvent un feu de paille. La question en débat c'est celle de la croissance durable. C'est comment passer de la tendance de 2 % des trente dernières années à une tendance de 3 % pour les dix prochaines années. Or des idées pour la croissance, il y en a. Soixante-dix-sept économistes de renom ont par exemple proposé leurs idées dans un ouvrage publié aux éditions Economica, dont le titre est précisément « Des idées pour la croissance », et l'imagination est au rendez-vous.

Beaucoup d'idées sont originales. Un thème important, qui revient très souvent, est le taux d'activité, c'est-à-dire en gros la quantité de travail fournie par la population en âge de travailler. Cela dépasse la simple question de la durée du travail hebdomadaire. C'est vrai que la durée hebdomadaire, avec les 35 heures, est courte comparée aux autres pays. Mais en plus, les Français commencent à travailler tard, ils s'arrêtent en moyenne tôt, le chômage est élevé. De sorte qu'au total, ils travaillent globalement peu. L'écart avec les Américains est de plus de 40 %, mais il est aussi de 30 % avec les Anglais et les Suédois. Il y a là un potentiel de croissance perdu. Souhaitons-nous le remobiliser et dans quelles conditions ?

D'autres idées tournent autour des nouvelles technologies, de la recherche qui baisse en France et qui débouche trop peu sur des résultats économiques, sur les surcoûts de l'enseignement secondaire mais l'insuffisance de moyens de l'enseignement supérieur, plus généralement sur l'efficacité de l'État.

La croissance durable est donc à notre portée. Mais elle passe par des réformes et par des réformes qui soient acceptées. La croissance est possible. Il faut évidemment la vouloir.

D'autres points de vue sont plus interrogateurs. Le taux de croissance d'une économie est déterminé pour l'essentiel par le rythme de son progrès technique. Mais les économistes ont beaucoup de mal à rendre compte de cette variable et ils raisonnent souvent comme s'il s'agissait d'une donnée extérieure à leurs analyses. Or, les gains de productivité ne tombent pas du ciel, ils résultent en fait de choix microéconomiques qui se forment dans un environnement juridique, social ou réglementaire plus ou moins favorable au progrès économique. La recherche d'une croissance plus forte et plus régulière nécessite donc avant tout une réflexion sur le cadre institutionnel qui gouverne les projets des agents économiques. Il s'agit de savoir quelles sont les formes de l'organisation économique et sociale qui sont capables de mobiliser et d'allouer de façon efficiente les ressources productives. Quel est le modèle d'entreprise qui permet d'exploiter au mieux les opportunités de croissance ?

En d'autres termes l'objectif d'une croissance plus forte et plus durable peut se ramener en grande partie à une question de gouvernance des entreprises. A ceci près toutefois que la conception traditionnelle de la gouvernance d'entreprise est trop réductrice. Elle confond l'intérêt général avec celui des apporteurs de capitaux. Elle postule que la maximisation de la valeur actionnariale est la meilleure façon d'atteindre l'efficacité économique. Or, une telle proposition n'est nullement justifiée tant sur le plan théorique qu'empirique.

Les actionnaires ne constituent qu'une des parties prenantes de l'entreprise et sans doute pas la plus importante. Dans nos économies, dont le ressort est constitué par les progrès de la connaissance, le capital humain représente une ressource plus stratégique que le capital financier. Aujourd'hui le vrai défi consiste donc à mobiliser tous les acteurs de l'entreprise, c'est-à-dire les apporteurs de capitaux aussi bien que les salariés ou les fournisseurs pour les amener à s'investir dans des projets porteurs de croissance. Il faut qu'ils trouvent leur intérêt dans les transformations qui génèrent des gains de productivité.

Il n'y a sûrement pas de solution unique. Et il serait d'ailleurs tout à fait faux de penser que nous n'avons d'autre choix que de nous aligner sur le modèle anglo-saxon fondé sur la primauté de marchés déréglementés. Il existe sans aucun doute d'autres organisations, d'autres modèles d'entreprise qui génèrent une croissance plus consensuelle, plus régulière et donc plus durable. De ce point de vue deux orientations peuvent paraître cruciales :

– d'abord il faut trouver les moyens de mieux associer les salariés aux décisions de l'entreprise et à la distribution du surplus qu'elle crée. Il faut que leur adhésion aux projets de développement et de croissance de la productivité leur garantisse une amélioration de leur rémunération, mais aussi de leur profil de carrière, de leur niveau de qualification, etc.

– d'autre part il faut amener les apporteurs de capitaux à s'investir plus durablement dans l'entreprise. Il faut rétablir des relations de long terme entre le système financier et le système productif que la libéralisation des marchés a détériorées. On a bien vu dans le passé récent à quel point le court-termisme des investisseurs pouvait déstabiliser les entreprises et brouiller leur système de contrôle.

Dans tous les cas, ce qui importe c'est de concilier une vision de long terme avec une flexibilité suffisante dans l'allocation des ressources productives. C'est ce principe qui devrait animer la construction d'un modèle européen dont l'émergence paraît malheureusement aujourd'hui bien improbable.

Enfin, un autre point de vue conduit à une réponse lapidaire à la question du retour à 3 % : c'est un non franc et massif ! Si les comportements des pouvoirs publics européens ne changent pas, on est condamné à 2 % de croissance potentielle au maximum et à une longue période en dessous du potentiel. Car leur responsabilité dans le marasme européen est écrasante.

Une constatation brutale s'impose d'abord. La croissance française n'a pas d'autonomie en Europe. La croissance européenne n'a pas d'autonomie vis-à-vis du commerce mondial, car il n'y a pas de demande interne dynamique. Une première raison est que la politique macroéconomique contracyclique est inexistante. D'un côté le pacte de stabilité est mal conçu. Il aiguise les conflits entre les pays au lieu de susciter leur coopération. D'un autre côté la politique de la BCE est inerte. Le taux réel à long terme est passé de 3 à 2,5 % entre le début 2000 et la fin 2002, alors que le taux de croissance a plongé de 4 à 0,5 %. Actuellement la politique est devenue très restrictive au regard de la baisse dramatique du crédit au secteur privé et de la hausse de l'euro. Une seconde raison est le manque d'investissements publics capable de stimuler la diffusion des nouvelles technologies. La part des nouvelles technologies dans l'investissement productif de la zone euro est de 20 % contre 90 % aux États-Unis. Les dépenses en R&D font 2 % du PIB en zone euro contre 3 % aux États-Unis depuis plus d'une décennie.

Il faudrait donc changer profondément la conception de la politique macroéconomique et promouvoir des dépenses publiques d'investissement au niveau européen et hors pacte de stabilité. Au plan macroéconomique, il faut définir un pacte de stabilité comme une contrainte à moyen terme permettant de stabiliser le ratio dette/PIB. Il faut y greffer un Fonds d'action conjoncturelle : excédents en haute conjoncture pour stimulation budgétaire en basse conjoncture. Il faut surtout redéfinir l'objectif de stabilité des prix en spécifiant un horizon assez long et en redéfinissant une fourchette de 1,5 à 3,5 % pour prendre en charge symétriquement les risques de déflation et d'inflation. A l'heure actuelle il faut baisser massivement les taux d'intérêt courts. La zone euro devrait avoir des taux inférieurs à ceux des États-Unis. Au plan structurel il faut enfin définir un programme d'investissements publics européens avec effet d'entraînement sur les entreprises. Le budget européen devrait servir de catalyseur à une levée de fonds sur le marché des capitaux par le truchement de la BEI.

L'Europe est-elle dans un contexte déflationniste ?

Synthèse de Anton Brender

avec P. Jacquet, Ch.-A. Michalet, J.-P. Pollin, Ch. Stoffaës

Le spectre de la déflation est brandi, aussi bien en Europe d'ailleurs qu'aux États-Unis. Paradoxalement, la Réserve fédérale semble même s'en inquiéter plus que notre Banque centrale. Pourtant en Europe les agents, publics comme privés, sont fortement endettés et la croissance du premier semestre est pratiquement nulle. Le risque de voir l'Europe connaître une évolution de même nature, sinon de même intensité, que celle qui affecte depuis maintenant de longues années l'économie japonaise semble donc bien réel.

Certes, la BCE y insiste, l'inflation européenne est très proche de son objectif. Mais on ne peut confondre déflation et baisse des prix. Les prix peuvent baisser dans une économie où la croissance et les gains de productivité sont élevés. Si les revenus nominaux continuent de progresser, il n'y aura pas forcément de pressions déflationnistes. Si, par contre, la croissance réelle est très faible, *a fortiori* si l'activité se contracte, des forces déflationnistes peuvent naître même si une modeste dérive à la hausse des prix est observée. Ce sera le cas en particulier si beaucoup d'agents ont à faire face à une charge de dette importante. Lorsque vous vous endettez, en effet vous tablez pour les années à venir sur une progression de votre revenu nominal. Si, ensuite, votre revenu progresse moins que vous ne l'escomptiez, *a fortiori* s'il baisse, vous allez être conduit à réduire certaines dépenses pour pouvoir honorer vos engagements. D'autres agents vont voir alors leurs revenus se contracter. Ils réduiront à leur tour leurs dépenses, d'autant plus d'ailleurs qu'eux-mêmes seront endettés. Ainsi s'enclenche et se développe une « spirale déflationniste » qui affecte le niveau des prix comme celui de l'activité.

En Europe, ce risque ne peut être totalement écarté. Dans plusieurs pays, les entreprises ont une dette importante et la progression des revenus nominaux y est faible voire nulle. C'est le cas en particulier en Allemagne. Début 2003, les défaillances d'entreprises y ont été particulièrement élevées. Pour l'essentiel, les risques de cet endettement sont portés par des banques qui sont loin d'avoir trop de capitaux propres. A un surcroît de défaut, elles répondront par une réduction de leurs prêts. Les pressions déflationnistes ne pourront qu'en être accrues… L'Allemagne ressemble ainsi, par bien des traits, au Japon. Mais, sur ce plan, toute l'Europe ne ressemble heureusement pas à l'Allemagne. Certains pays telle l'Espagne ont encore une demande intérieure relativement dynamique. Une poursuite de l'appréciation de l'euro pourrait toutefois y mettre fin. Nier la réalité du risque déflationniste est dangereux.

Contrairement à ce que l'on dit parfois, la menace déflationniste peut, en effet, être contrée. Mais il faut pour être efficace agir rapidement et en utilisant tous les leviers de la politique économique – la monnaie comme le budget. De ce point de vue, le vrai danger pour l'Europe réside moins dans le contexte déflationniste lui-même, que dans l'impréparation de ses institutions à y faire face.

Quand l'indice CAC 40 va-t-il franchir la barre des 3 500 points ?

Synthèse de Bertrand Jacquillat

avec J.-P. Betbéze, É. Cohen, O. Pastré, J.-H. Lorenzi

L'indice CAC 40 est aujourd'hui (juin 2003) aux alentours de 2900. Rappelons qu'il était descendu à 2400 le 14 mars de cette année en pleine incertitude géopolitique au moment de la guerre en Irak.

On venait de très haut puisque l'indice CAC 40 avait flirté avec les 7000 points en mars 2000, suivi de trois années de baisse boursière.

Historiquement tous les pays ont connu au XXᵉ siècle des séries de quatre, voire cinq années consécutives de baisse, et notamment en France. Si l'indice restait au niveau où il est aujourd'hui, 2003 représenterait une quatrième année de baisse d'affilée, ce qui donc n'a rien d'aberrant d'un point de vue historico-statistique.

Selon les modèles d'évaluation d'actions de la zone euro d'Associés en finance, un niveau d'indice à 3300, niveau correspondant à une hausse de plus de 15 %, est fondé sur des perspectives particulièrement noires : une croissance du chiffre d'affaires et des résultats des trois cents plus importantes sociétés qui représentent le fer de lance des économies de la zone euro de seulement 0,4 % et 2,6 % l'an en 2004/2008, alors que les analystes financiers s'attendent à une hausse des résultats des entreprises aux États-Unis et en Europe de 50 % en 2003 et 18 % en 2004.

Si l'on traduit ces chiffres en termes macroéconomiques, un niveau d'indice à 3 300 implique une croissance nulle, voire légèrement négative, du PIB au cours des cinq dernières années. Du jamais vu.

Le niveau actuel des cours traduit par ailleurs une très grande aversion au risque des investisseurs. La prime de risque qui est actuellement supérieure à 8 % n'a jamais été aussi élevée depuis trente ans. Même en France en 1981/1982, elle n'avait pas atteint ces niveaux. Certes, la bourse a connu des excès, mais nous payons aujourd'hui des corrections excessives qui sont dues en partie à certains dysfonctionnements du gouvernement d'entreprise et des métiers de la chaîne d'information comptable et financière.

La remontée encore fragile de l'indice CAC 40 devrait donc se poursuivre dès que des signaux plus positifs se manifesteront sur la croissance des écono-mies et que les perspectives de rebond des résultats des entreprises se confir-meront, probablement dès cet automne. Dans un tel scénario, l'indice CAC 40 devrait se stabiliser autour de 3700/3800.

Cette reprise boursière serait somme toute mesurée puisque l'indice ne ferait que retrouver son niveau de juillet 2002.

Économie industrielle
et gestion des entreprises

Quel avenir pour le nucléaire français?

Synthèse de Jean-Marie Chevalier

avec J.-H. Lorenzi et J.-P. Boisivon

En matière d'énergie nucléaire, la France constitue une exception puisque cette forme d'énergie assure aujourd'hui environ 85 % de notre production d'électricité.

Cette position très exceptionnelle de la France s'explique en grande partie par un modèle politico-économique centralisé, appuyé sur une entreprise publique qui détient le quasi-monopole de la production d'électricité. Au lendemain du premier choc pétrolier, le gouvernement français a ainsi été en mesure de réagir très rapidement en décidant, en mars 1974, six mois après le choc d'octobre 1973, de lancer un vaste programme de construction de centrales nucléaires. L'objectif était de réduire notre dépendance vis-à-vis du pétrole importé et d'offrir à notre économie une énergie nationale et bon marché. C'est ainsi qu'une cinquantaine de centrales nucléaires ont été construites et mises en service entre 1980 et 2000.

L'avenir du nucléaire français se décline en deux dimensions : une dimension purement française pour le renouvellement du parc existant et une dimension internationale qui recouvre le potentiel d'exportation des technologies nucléaires françaises.

Sur le plan national, le parc existant fonctionne de façon satisfaisante et produit une électricité qui est, en coût marginal, l'une des moins chères d'Europe. Certes, le parc a été quelque peu surdimensionné par rapport aux besoins de la demande nationale mais heureusement, l'ouverture des marchés européens a offert des possibilités inattendues d'exportations substantielles, notamment vers la Grande-Bretagne, l'Italie et la péninsule ibérique.

La durée de vie des centrales était initialement estimée de vingt-cinq à trente ans. En réalité, elles vont fonctionner beaucoup plus longtemps : quarante, cinquante, peut-être soixante ans. Une centrale construite, amortie, qui fonctionne de façon satisfaisante et sûre est ainsi une machine à produire des kilowattheures bon marché avec le cash flow qui y est associé. Cet allongement de la durée de vie tend à repousser dans le temps le problème de renouvellement du parc. Si l'on s'en tient au seul marché français, le besoin de mise en service de nouvelles unités de production en base ne se fera pas sentir avant 2020-2025. Il n'y a donc pas d'urgence.

Le renouvellement du parc français pose une série de problèmes. Le premier problème est celui de la diversification de la production française d'électricité. Il n'est pas souhaitable de dépendre trop fortement d'une seule technologie et il conviendrait donc de faire une place plus importante aux énergies renouvelables et au gaz naturel, notamment sous forme de production décentralisée. La production combinée de chaleur et d'électricité (cogénération) est notamment une technologie qui accroît l'efficacité globale du système énergétique. Le second problème est celui du financement du nucléaire. Si l'on se place dans une perspective européenne d'ouverture complète des marchés de l'électricité, qui sera effective en 2007, et si l'on considère par ailleurs que l'ouverture du capital d'EDF s'inscrit dans cette évolution, le financement du nucléaire se heurte à des obstacles : très forte intensité capitalistique de la filière par rapport aux centrales à gaz, nombreuses incertitudes sur l'évolution attendue des marchés de l'électricité et du prix de celle-ci. Une autre série de questions concerne enfin le choix des technologies du futur. Le projet du *European Pressurized Reactor (EPR)* avec une grande taille et un investissement lourd représente-t-il vraiment la technologie du futur ? Il y a débat sur ce point entre les ingénieurs eux-mêmes. Reste enfin la question de l'environnement. L'énergie nucléaire ne produit pas de gaz à effet de serre. La France, comme tous ses partenaires de l'Union européenne, s'est engagée dans le processus de Kyoto. Il est probable que la prise de conscience des problèmes d'environnement amène l'Europe à renforcer encore sa lutte contre les gaz à effet de serre. Le nucléaire peut donc avoir une place importante à occuper dans cette évolution.

Ainsi, la décision de construire de nouvelles centrales nucléaires en France doit-elle être préparée par des études approfondies, notamment sur le plan technique et économique et aussi sur la prise en compte des avantages et des nuisances de chaque forme d'énergie par rapport à l'environnement.

En dehors de la France on peut s'interroger sur l'avenir du nucléaire dans le monde et sur la place que la technologie française peut occuper dans cet avenir. Dans de très nombreux pays le développement du nucléaire se heurte à des obstacles qui peuvent être à la fois économiques, financiers ou politiques. Dans l'Union européenne, la plupart des pays refusent le nucléaire et cela inspire une réflexion fréquente à Mme Loyola de Palacio, la commissaire européenne pour l'énergie et les transports, qui souligne que l'on ne peut pas à la fois refuser le nucléaire et respecter les engagements de Kyoto. En dehors de la France, le seul pays de l'Union qui a des projets de construction de centrale est la Finlande. L'industrie française est candidate dans cet appel d'offres. Ailleurs dans le monde, le nucléaire se développe sur un rythme ralenti, essentiellement en Asie. Quelques centrales seront probablement encore construites en Chine mais ce pays veille à maintenir une forte diversification de son bilan énergétique. Aux États-Unis, la situation est complexe. Aucune centrale n'a été commandée depuis 1978. Le Président Bush et son équipe, très soucieux de la dépendance croissante des États-Unis vis-à-vis du pétrole importé, parlent fréquemment d'une relance du nucléaire mais les déclarations d'intention n'ont jamais été suffisantes pour déclencher les investissements nécessaires. Bien des obstacles subsistent, notamment le problème de stockage des déchets radioactifs de longue durée. Il est possible que des mesures concrètes soient décidées mais il faudra sans doute du temps pour que des réalisations voient le jour. Les problèmes liés au financement d'une centrale nucléaire se posent de la même façon.

Ainsi, l'avenir du nucléaire français, en France et ailleurs, est marqué par des incertitudes liées en grande partie à une internalisation incomplète des externalités dans les différentes filières énergétiques. Par ailleurs, à une époque où l'on se soucie beaucoup de notre dépendance pétrolière et gazière, le nucléaire représente une force considérable d'indépendance. Si l'on prenait davantage en compte ces externalités, notamment les effets des émissions de gaz à effet de serre et l'indépendance, le nucléaire se trouverait en bien meilleure position et se présenterait à la fois comme nécessaire et compétitif. Une renaissance du nucléaire implique des formes nouvelles d'implication des États.

La bataille autour du Crédit lyonnais marque-t-elle une reprise des grandes manœuvres bancaires en Europe ?

Synthèse de Catherine Lubochinsky

avec É. Cohen, J.-H. Lorenzi, O. Pastré, Ch. Stoffaës

Il ne s'agit pas véritablement d'une reprise des grandes manœuvres. Cette bataille s'inscrit tout simplement dans le mouvement de restructuration du système bancaire français qui cherche, comme les systèmes bancaires développés l'ont fait de tout temps, à s'adapter aux conséquences des transformations économiques mondiales. Il ne faut pas oublier que la banque britannique Barclays fut le résultat de la fusion d'une vingtaine de banques privées anglaises en 1896 !

20 ans de grandes manœuvres en France : de la réorganisation à la concentration

La période 1984-1995 est une période de réorganisation avec peu d'incidence sur la concentration du système bancaire : il s'agit surtout d'opérations à l'intérieur d'un même groupe (Banques populaires, Caisses du Crédit agricole, Caisses d'épargne) ou de prise de contrôle de petits établissements par de grands groupes bancaires.

La période entamée depuis 1996 se caractérise en revanche par un mouvement de véritable concentration bancaire. Il ne se passe pas une année sans un « événement » important : en 1996 la banque Indosuez est rachetée par le Crédit agricole, en 1997 le Crédit du Nord par la Société générale, en 1998 Natexis par les Banques populaires et le CIC par le Crédit mutuel, en 1999 la banque Paribas par la BNP et le Crédit foncier de France par la Caisse nationale d'épargne et de prévoyance, et en 2000 le CCF par HSBC (banque britannique depuis son acquisition de la Midland en 1992). En 2001 on assiste au rapprochement de la CDC et des Caisses d'épargne, à l'introduction en Bourse du Crédit agricole (CASA), à la privatisation du groupe Hervet racheté ensuite par HSBC et à la prise de contrôle de la banque Worms par la Deutsche

Bank… Plus globalement, entre 1996 et 2001 ont eu lieu 50 à 60 opérations de fusions et acquisitions en France! En 2001 il ne subsistait plus « que » 1035 établissements de crédit en France contre un maximum de 2152 en 1987.

Un mouvement de restructuration européen et mondial

En Europe, il y a eu environ 300 fusions et acquisitions d'établissements de crédit par an depuis le début des années 1990. L'acquisition du Crédit lyonnais par le Crédit agricole ne vient qu'en quatrième position en termes de taille de transactions derrière le rachat en 1999 de National Westminster par la Royal Bank of Scotland (38,5 Mds $), celui, en 1997, de Union Bank of Switzerland par la Swiss Bank (23 Mds $) et celui, en 2001 de la Dresdner Bank compagnie d'assurances Allianz (23 Mds $).

La principale caractéristique de ces fusions est qu'elles sont essentiellement (environ les trois quarts) nationales, la raison invoquée étant de créer dans un premier temps des établissements nationaux importants « pouvant jouer sur la scène inernationale »; elles sont quand même parfois transnationales comme le rachat de Morgan Grenfell en 1989, et de Bankers Trust en 1998, par la Deutsche Bank.

On note le même phénomène aux USA où ont été d'ailleurs initiées ces opérations de concentration. L'augmentation très nette de la part de marché des banques commerciales américaines résulte essentiellement des fusions et acquisitions : le nombre de ces banques passe ainsi de 14 000 en 1975 à 9 000 en 1997. Il subsiste néanmoins à peu près 20 000 établissements de crédit. Parmi les fusions célèbres, notons l'acquisition de Travelers par Citicorp pour donner Citigroup en 1998 qui se hisse à la première place mondiale en termes de fonds propres et de capitalisation boursière et s'y maintient encore depuis. On trouve en deuxième place dans le classement mondial du *Banker* (juillet 2003) Bank of America Corp.

Quant au Japon, il entame son mouvement de restructuration bancaire à partir de 1997. Certes, en termes de fonds propres, en 1990 les quatre premières banques mondiales étaient japonaises (Sumitomo en première position), mais en 1995, la première banque n'est plus qu'en cinquième position (Dai Ichi Kangyo) et en 1998 et 1999 plus aucune banque japonaise n'y figure. Au 31 décembre 2002, on trouve trois nouvelles banques japonaises dans les 10 premières mondiales. Ces trois banques sont le résultat de mégafusions plus ou moins inéluctables dues à la détérioration de la rentabilité du système bancaire japonais.

Pourquoi toutes ces opérations de fusions et acquisitions ? Des problèmes de rentabilité ?

Le processus de concentration de l'industrie bancaire répond à un triple objectif : nécessité d'atteindre une taille critique dans un environnement globalisé et, pour certaines banques, de devenir une banque universelle ; tout cela dans une ambiance de réduction des coûts et de course au « Return on Equity ».

Il est cependant possible de rassembler les facteurs explicatifs en deux groupes :

– des facteurs liés à l'évolution du système financier et son environnement technologique

Les mesures de déréglementation avaient comme objectif de stimuler la concurrence entre établissements bancaires et entre banques et marchés financiers. C'est ainsi que la réglementation bancaire a permis d'évoluer vers la banque universelle qui recouvre cependant, en première approximation, sept métiers : la banque de particuliers, la banque d'entreprise, les activités de marchés, la gestion d'actifs, la banque d'affaires, la banque assurance et les métiers de back office. Or ces sept métiers sont eux-mêmes différents selon la clientèle (particuliers ou entreprises), selon la zone d'activité géographique (domestique ou internationale) et selon l'intensité d'utilisation des fonds propres (activité de conseil ou capital risque pour compte propre). Évidemment, selon ces métiers, les effets de taille, voire les besoins d'internationalisation, sont fondamentalement différents.

Pour l'Europe, l'introduction de l'euro et l'harmonisation des règles juridiques des conditions de l'activité bancaire ont eu comme conséquence de rendre plus « régionaux » les différents marchés domestiques. Avec cette intégration financière européenne la taille des banques est devenue un facteur discriminant. Il y a une véritable concurrence à l'échelon européen.

Enfin, les progrès réalisés dans l'informatique et les télécommunications ont permis de réaliser des économies d'échelle : la réduction des coûts unitaires issue d'une augmentation de la production est indéniable dans la gestion des moyens de paiement, la conservation de titres etc. Or, le coût d'investissement dans les nouvelles technologies est important et nécessite un volume d'activité minimal élevé pour l'amortir.

– recherche d'une meilleure efficience ou… maximisation de la valeur actionnariale

Quand on cherche à offrir des rendements sur fonds propres compris entre

15 et 20 % aux actionnaires alors que la croissance économique fluctue entre 0 et 5 %, il faut trouver des moyens pour améliorer la rentabilité, du moins à court terme.

L'idée d'une meilleure efficience fait appel à celle selon laquelle les fusions et acquisitions permettraient de réaliser des économies d'échelle ; il existerait une taille dite « critique » pour laquelle le coût moyen serait minimal. Encore faudrait-il s'accorder sur la fonction de coût des établissements bancaires qui varie selon le type de métier des banques. Ces économies d'échelle existent surtout s'il existe une surcapacité bancaire. On assiste alors à des opérations de consolidation qui s'accompagnent de baisse du nombre des guichets et des effectifs, ainsi que d'une rationalisation du système informatique et du back office.

Sont également invoquées les économies d'envergure. Fondement théorique de la banque universelle, les synergies issues de la diversification des services offerts à la clientèle englobent aussi l'idée de réduction des risques grâce à la diversification géographique et à la diversification fonctionnelle (complémentarité des activités comme dans la banque assurance).

Au Japon, ou dans certains pays scandinaves, la problématique fut différente, les restructurations des établissements en difficulté s'apparentant plus à une internalisation des faillites bancaires.

Quels sont les enjeux pour les autorités de tutelle ?

Les enjeux sont de deux ordres : ceux liés à un excès de concentration et ceux liés au débat économique sur la relation entre structure de l'industrie bancaire et fragilité du système bancaire et financier.

— les autorités de concurrence veillent à prévenir toute position monopolistique ou dominante (souvent fixée à 30 % du marché). Il y eut d'ailleurs un large débat lors de l'acquisition du Crédit lyonnais par le Crédit agricole. Le processus de concentration soulève également des problèmes de conflits d'intérêt que les autorités de contrôle cherchent à circonscrire… par l'introduction de nouvelles réglementations, telles que, par exemple, la séparation des activités de gestion pour compte de tiers.

— quant à la relation entre structure bancaire et fragilité du système, deux écoles s'affrontent. Certains évoquent la moindre fragilité des « grandes » banques, plus diversifiées et plus profitables. D'autres, au contraire, la plus grande fragilité des systèmes bancaires concentrés qui favorisent des comportements d'aléas de moralité via des prises de risques excessives (car « too big to fail ») et qui compliquent la tâche de surveillance par les autorités (à cause d'une plus grande opacité). Enfin, si la concentration est telle que les banques disposent d'un véritable pouvoir de marché leur permettant de surfacturer leurs services et d'offrir des taux débiteurs élevés, alors ce sont à leurs clients, en particulier les entreprises, que certains risques sont transférés.

En conclusion, cette bataille s'inscrit dans un mouvement mondial, en accélération depuis la décennie quatre-vingt-dix avec une prépondérance des opérations nationales. Il subsiste suffisamment de banques pour que ce mouvement se prolonge, tout en changeant éventuellement d'orientation : après la banque assurance (rachat de compagnies d'assurances par les banques) pourquoi ne pas voir émerger l' « assurbanque », i.e. le rachat de banques par les compagnies d'assurances, comme par exemple le rachat de la « Banque directe »par AXA en 2002.

Que pensez-vous du plan gouvernemental pour la création d'entreprises ?

Synthèse de Élie Cohen

avec J.-P. Boisivon, J. Pisani-Ferry, D. Vitry

Après le vote de loi sur l'innovation, la préparation de la loi sur l'initiative économique approuvée par le conseil des ministres le 18 décembre 2002 et définitivement adoptée par le parlement le 21 juillet 2003 permet de disposer d'une vision cohérente du dispositif élaboré par le gouvernement afin de favoriser la création d'entreprises.

Enjeux et problématiques de la création d'entreprises

Au-delà de son apparente clarté et malgré la vigueur des adhésions qu'il suscite, le thème de la création d'entreprises englobe des enjeux complexes et renvoie à des problématiques d'une profonde disparité.

Ces enjeux renvoient fondamentalement à cinq effets étroitement entremêlés.

La création d'entreprises concourt tout d'abord à un *effet jouvence*. Un courant soutenu d'initiatives entrepreneuriales constitue ainsi une condition majeure de renouvellement du tissu économique grâce à la mise en place de nouvelles entités qui prendront le relais d'organisations plus anciennes, exposées à un permanent mouvement de concentration ou constamment menacées par le vieillissement de leur offre, de leur structures productives et de leur organisation.

Dans la plupart des cas, les entreprises nouvelles présentent une meilleure aptitude à *oser l'invention*, à expérimenter de nouveaux produits ou de nouveaux procédés et à proposer de nouvelles approches du marché à cause de leur propre audace, de leur créativité et d'un rapport plus allant au risque. Elles sont ainsi porteuses d'un véritable *effet innovation,* même si elles sont plus vulnérables dans les phases de croissance régulière et de maturation.

Le mouvement de création d'entreprises permet également l'éclosion

179

d'entités qui, du fait de leur plus grande flexibilité culturelle et managériale s'avèrent aptes à capter ou à accompagner des demandes sociales nouvelles pour leur apporter une réponse grâce à un *effet renouvellement* de la gamme de biens et de services.

Ces différents effets se combinent pour produire un *effet compétitivité* car le renouvellement apporté à l'offre de biens et services, aussi bien que la transformation des structures de production, de distribution ou de management, peuvent conférer un avantage concurrentiel aux entreprises nouvelles qui parviendront à survivre.

Enfin, la vigueur du mouvement de création induit un *effet emploi* si elle contribue à l'émergence d'entités compétitives et créatives, proposant des emplois qualifiés dont leur développement assurera la pérennité.

En bref, la création d'entreprises est associée, de façon générale, à des enjeux majeurs pour le développement de l'innovation, pour le maintien de la compétitivité de l'économie nationale et pour la création d'emplois hautement qualifiés et durables.

Cependant, il n'est pas nécessaire de produire une typologie très fine des différents scénarios de création ou des créateurs eux-mêmes pour observer que des problématiques profondément disparates y sont à l'œuvre et pour recommander des mesures d'incitation et d'accompagnement suffisamment différenciées pour s'adapter à la diversité des situations réelles. Pour ne mentionner que trois exemples caractéristiques, la création d'une entreprise innovante par un chercheur de haut niveau, la réactivation d'une activité existante par une équipe de cadres expérimentés ou la mise en place d'une entité unipersonnelle créée par un chômeur désireux de créer son emploi en assurant des services de proximité, soulèvent des questions de conception et de mise en œuvre de nature profondément disparate pour ce qui regarde les études techniques et commerciales préalables, les compétences à réunir les conditions de financement, le montage juridique ou les partenariats à établir.

En termes positifs et concrets, la problématique de la création d'entreprises revêt ainsi une unité de pure apparence. Pourtant, elle retrouve une possible cohérence lorsqu'elle est rapportée aux obstacles culturels, institutionnels ou économiques que les candidats à la création ont à surmonter pour mener leur projet à bien. C'est pourquoi il est en fin de compte possible de mettre en place des dispositifs combinant une politique d'ensemble destinée à créer un environnement plus favorable à la création d'entreprises et des mesures spécifiques propres aux grands types de projets qu'il est nécessaire de différencier par ailleurs.

Le rapport à l'esprit d'entreprise ou les incertitudes du passage de l'aspiration à l'action

En France, la persistance d'une aspiration forte à créer *son* entreprise, largement partagée par les différents secteurs de l'opinion, est confirmée par des enquêtes récurrentes réalisées depuis plusieurs années sur l'initiative des pouvoirs publics et de l'APCE, Agence nationale pour la création d'entreprises. Pourtant, le nombre de créations effectives a longtemps plafonné. La prise en compte de la reprise ou de la réactivation d'entreprises préexistantes et des créations d'entités nouvelles conduit à en évaluer le flux annuel à un niveau de 250 000 à 300 000 unités. Dans cet ensemble, le nombre des créations *ex nihilo* oscille autour de 170 000 réalisations annuelles. Même si les résultats obtenus au cours du premier semestre 2003 marquent un net redressement des réalisations, d'importants efforts restent indispensables pour atteindre l'objectif de 200 000 créations annuelles retenu par le chef de l'État et par le gouvernement.

Malgré la détermination gouvernementale et la vigueur de l'aspiration entrepreneuriale, la vigueur du mouvement de passage à l'action et la mise en œuvre ont été fréquemment mises en échec par la persistance d'obstacles culturels et structurels qui tendent à brider les initiatives des candidats à la création d'entreprises en France.

La vague d'innovations technologiques des années 1990 et un ensemble d'initiatives des acteurs du système financier soutenues par des mesures gouvernementales d'ampleur significative avaient fourni une impulsion efficace et créé un environnement culturel, institutionnel et financier plus favorable à la création d'entreprises. Même si les créations d'entreprises innovantes ne représentent qu'une faible part des projets observés, cette vague high tech a produit un puissant effet d'entraînement sur l'ensemble des types de création. Mais, depuis 2000, le mouvement s'est inversé. Les difficultés rencontrés par les activités de haute technologie ont atteint toutes les entreprises des secteurs concernées, y compris les entités qui paraissaient le plus solidement établies ; *a fortiori*, les start up ont violemment subi les effets du retournement de ces activités. La chute des cours boursiers en général et la dépréciation des TMT en particulier a également frappé durement les investisseurs, particuliers ou institutionnels, qui s'étaient engagés dans le soutien à la création d'entreprises innovantes. Bref, la percée des années 90 semblait en voie de se résorber et la création d'entreprises innovantes était redevenue plus difficile que jamais.

Dans ce contexte, la relance d'une politique active de stimulation de la création et d'accompagnement des projets jusqu'à leur mise en œuvre effective constituait une initiative utile, voire indispensable. C'est dans cette perspective qu'il faut analyser les promesses portées par la Loi pour l'initiative économique et par l'ensemble du dispositif qui l'accompagne.

Les promesses du dispositif gouvernemental

Par son mode d'élaboration comme par les mesures qu'il englobe, le plan gouvernemental de soutien à la création d'entreprises se place sous le signe du pragmatisme et de la cohérence.

Après un effort d'actualisation des diagnostics déjà établis et une évaluation des résultats produits par les mécanismes d'incitation mis en place au cours des dernières années, sa préparation a comporté une phase de consultation qui a permis une large expression des acteurs concernés. Le rapport remis par François Hurel au Premier ministre consigne une large part des résultats de ces travaux préparatoires.

La cohérence du plan tient au fait que les mesures annoncées portent sur le renforcement, dans son ensemble, de la chaîne qui devrait conduire, de façon continue, de l'effort de recherche à l'innovation et à la création d'activités ou d'entreprises. On le sait, certains maillons de cette chaîne sont trop faibles en France. Pour accroître leur robustesse et donner une impulsion efficace à la multiplication des projets de création, le plan privilégie six lignes d'action.

La première porte sur la simplification de la démarche de création et des formalités qu'elle comporte. Il permet notamment la libre fixation du montant du capital social des sociétés à responsabilité limitée, l'immatriculation en ligne ou la domiciliation de l'entreprise au domicile du créateur pendant cinq ans.

La deuxième conduit à la simplification de certaines procédures applicables à la jeune entreprise, notamment par la création d'un régime « micro-social » pour le règlement des charges.

Une troisième série de dispositions concerne le statut des créateurs. Elle porte sur l'amélioration de la sécurité du candidat à la création, par exemple grâce à un aménagement des régimes de caution, au maintien transitoire des allocations-chômage que le créateur percevait éventuellement ou à l'organisation de la transition entre le statut de salarié et celui d'entrepreneur.

Par ailleurs, la question du financement est abordée dans la perspective d'une mobilisation plus efficace du financement de proximité et d'une meilleure

couverture des risques portés par les investisseurs. Une vaste série de dispositions s'applique au financement de la création et porte aussi bien sur la mise
en œuvre d'outils adaptés de mobilisation des ressources nécessaires (les fonds
d'investissement de proximité par exemple) que sur divers dispositifs fiscaux
applicables au créateur ou à ses financeurs.

Enfin, il est prévu un renforcement des dispositifs d'expertise et de conseil
qui accompagnent le créateur d'entreprise dans les moments critiques que son
projet traverse inévitablement. En effet, l'accompagnement des créateurs
constitue un moyen nécessaire pour l'accroissement des chances de survie des
nouvelles entreprises dans les phases d'émergence, mais également dans les
premières années de leur croissance. Le plan prévoit la création ou le renforcement de dispositifs de financement du recours à une assistance personnalisée
ou à l'appui des réseaux existants de soutien aux créateurs.

Enfin, l'amélioration des conditions de transmission des entreprises
constitue également un volet majeur du plan dans la mesure où de nombreuses
créations se traduisent non par une fondation *ex nihilo* mais par la reprise ou
la réactivation d'entités préexistantes. Les mesures adoptées portent aussi
bien sur le relèvement des seuils d'exonération des plus-values pour les cédants
que sur le calcul des droits de mutation et de l'impôt sur le revenu pour le
repreneur.

En fin de compte, le dispositif gouvernemental de soutien à la création
d'entreprises apparaît comme un vaste ensemble de mesures qui paraissent
appropriées aux objectifs d'incitation et de réduction des obstacles rencontrés
par les candidats lors de la préparation et la mise en œuvre de leur projet.
Il porte des promesses significatives de déblocage de l'initiative entrepreneuriale. Rapproché de la loi Innovation également élaborée au cours des derniers
mois, il devrait en particulier concourir au renforcement des liens entre la
recherche-développement et la création d'entreprises innovantes.

Au fond, l'aspiration à la création d'entreprises existe. Les idées et les
innovations qui pourraient justifier une offre compétitive aussi. C'est dans
l'aménagement de cet environnement plus favorable, dans ses dimensions
financières, juridiques, fiscales, mais aussi culturelles que les mesures mises en
place recherchent, à juste titre, le ressort d'une impulsion puissante de l'esprit
d'entreprise. Mais encore faut-il espérer qu'une conjoncture durablement atone
ne viendra pas restreindre, de façon drastique, les débouchés nécessaires pour
assurer la survie à terme de ces jeunes entreprises.

Les grands risques vont-ils bouleverser le secteur de l'assurance ?

Synthèse de Jean-Paul Betbéze

avec P. Dockès, O. Pastré, Ch. Stoffaës

Il faut d'abord se dire que couvrir le risque, c'est le métier de l'assurance ; c'est ce qui fait son chiffre d'affaires. De manière générale donc, la montée des risques et le désir de s'en protéger ne sont pas, en eux-mêmes, défavorables au secteur.

Mais le problème est évidemment celui du « grand risque », c'est-à-dire celui de la catastrophe, par rapport aux risques de masse, comme par exemple les accidents automobiles. Ces grands sinistres ne sont pas seulement ceux, très visibles, du World Trade Center ou de l'usine AZF de Toulouse, mais aussi d'autres risques, dont la probabilité d'occurrence est mal connue et surtout les conséquences financières ne sont pas maîtrisées. De ce point de vue, l'hépatite C ou la dépendance sont des grands risques.

Ces grands risques vont très probablement se développer, car il y a plus de croissance économique, plus d'interdépendance, plus de richesses. Il y a plus de bateaux, d'avions, de trains, de produits chimiques, d'échanges et de mouvements de toutes sortes, donc des probabilités plus importantes de sinistre et, quand ces sinistres se matérialisent, ils ont tendance à se produire dans des univers de plus en plus riches, donc avec des coûts de réparation de plus en plus élevés. Nous entrons dans un univers croissant de grands risques.

Il faut alors se demander comment l'assurance va absorber de tels chocs. Elle les absorbe par les prix d'un côté, en augmentant ses tarifs ; elle pousse à les réduire par la prévention et la prévention de l'autre, ce à quoi les tarifs peuvent évidemment aider ! Mais, fondamentalement, l'assurance absorbe les chocs par les réserves qu'elle a accumulées, et qu'elle voit donc réduites. Ce faisant, elle se fragilise. Ces réserves étaient auparavant surtout immobilières ; elles sont actuellement immobilières, mais plus encore mobilières, donc aujourd'hui très atteintes par la crise boursière.

Nous sommes ainsi au carrefour d'une situation où les grands risques peuvent monter, mais avec des moyens financiers pour les compenser qui sont réduits chez les assureurs. Comme il faudra beaucoup de temps pour que « se réparent » les valeurs d'actifs, comme par ailleurs le temps des catastrophes est, de plus en plus, le nôtre, il faut imaginer une phase de montée des primes, mais aussi une façon différente de vivre avec le risque, de le mutualiser différemment, de l'accepter davantage.

Au total, les grands risques vont bel et bien bouleverser le secteur de l'assurance, au « bel » et « bien » près.

La Poste peut-elle tirer des avantages de l'ouverture à la concurrence?

Synthèse de Dominique Roux

avec J.-D. Lafay, J.-H. Lorenzi, O. Pastré, J.-P. Pollin

Depuis une vingtaine d'années, l'ouverture à la concurrence et la privatisation des entreprises publiques sont devenues des priorités pour la plupart des pays du monde. Il s'agit d'un mouvement de fond qui n'est pas la manifestation d'une simple préférence idéologique ou d'un phénomène de mode.

L'ouverture à la concurrence de la Poste fait d'ailleurs suite à celle de l'audiovisuel, des télécommunications, de l'électricité et du gaz et précède celle des chemins de fer.

Depuis le 1er janvier 2003, le courrier de plus de 100 grammes est en concurrence et cette limite sera encore abaissée dans trois ans pour atteindre une liberté totale en 2009. C'est évidemment une réforme particulièrement importante car la Poste est une entreprise de 320 000 personnes avec 17 000 points de vente et 200 filiales pour un chiffre d'affaires de plus de 17 milliards d'euros.

Les objectifs de cette mutation sont multiples, la concurrence doit bien sûr permettre d'offrir un service amélioré pour les consommateurs mais aussi de favoriser une meilleure allocation des ressources. Comme le rappelle, par exemple, un rapport récent du Sénat, 2 500 bureaux de poste n'ont qu'une heure d'activité par jour! Il faut évidemment améliorer cette situation, car l'efficacité du service postal est un facteur de compétitivité puisque sur les 25 milliards de plis envoyés chaque année, 90% le sont par les entreprises.

Par ailleurs, il y a urgence à réorganiser la Poste car d'autres pays comme l'Allemagne, le Royaume-Uni ou les Pays-Bas ont déjà fait leur mutation et ces concurrents étrangers risquent de prendre des parts de marchés significatives tant en France qu'à l'étranger, ce qui poserait à terme de sérieux problèmes à la Poste française.

Mais l'ouverture à la concurrence de la Poste demande la prise en compte d'un certain nombre de précautions car cette entreprise publique joue un rôle important dans l'aménagement du territoire et assure un service public indispensable à la cohésion sociale. Il ne faut donc pas que la concurrence conduise au seul développement des activités rentables, c'est pourquoi le rôle d'un régulateur fort est essentiel. Le gouvernement souhaite confier, comme en Allemagne, cette mission à l'ART qui depuis près de sept ans assure déjà cette fonction pour le secteur des télécommunications. Son action sera décisive pour qu'une concurrence harmonieuse puisse se développer tout en maintenant le service public à travers le service universel, c'est-à-dire selon la définition officielle en mettant « en place un service de qualité fourni en tout point du territoire à des prix abordables pour tous ».

Il faut enfin ajouter que l'opinion est majoritairement favorable à cette ouverture à la concurrence, car les raisons qui justifiaient le monopole public ont presque toutes disparu sous la pression du progrès technique, de la révolution de l'information, de la mondialisation des échanges et du changement des modes de vie.

On peut donc dire que la concurrence sera sans aucun doute bénéfique non seulement pour la Poste elle-même mais aussi pour l'ensemble de la société si certaines précautions sont prises pour éviter les excès d'une compétition non maîtrisée. Ainsi en améliorant ses performances, la Poste devrait maintenir sa place de deuxième opérateur européen.

Mais où est donc passée la nouvelle économie ?

Synthèse de Patrick Artus

avec J.-P. Betbéze, A. Brender, P. Dockès,
J. Pisany-Ferry, O. Pastré, D. Vitry

Durant les années 90, le débat sur la nouvelle économie a été très vif. Jusqu'au milieu de la décennie, il y avait plutôt scepticisme : qu'on se rappelle la phrase de Robert Solow : « Je vois des ordinateurs partout sauf dans les chiffres de productivité ». Dans la seconde moitié de la décennie, il y a eu plutôt enthousiasme, avec l'idée que la hausse des gains de productivité allait accroître massivement la croissance potentielle, qu'il n'y aurait plus jamais d'inflation grâce au progrès technique, donc plus jamais non plus de durcissement de la politique monétaire et de cycles économiques ; qu'Internet allait changer tous les processus de production…

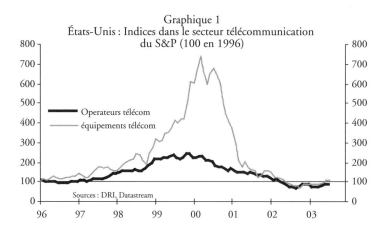

Graphique 1
États-Unis : Indices dans le secteur télécommunication
du S&P (100 en 1996)

Operateurs télécom
équipements télécom

Sources : DRI, Datastream

Puis la crise est survenue, avec la chute de la bourse, la disparition des sociétés Internet, les scandales financiers, l'apparition d'excès de capacités… La nouvelle économie a-t-elle disparu ? Il faut vraiment distinguer entre la finance et l'économie réelle pour répondre à cette question.

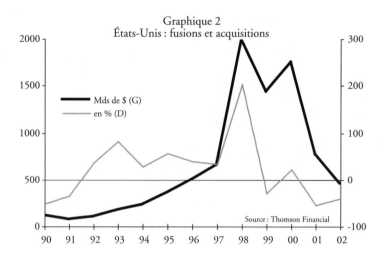

Graphique 2
États-Unis : fusions et acquisitions

Plus de nouvelle économie dans la finance

La crise a provoqué un recul considérable de la valorisation des entreprises du secteur des nouvelles technologies (graphique 1), avec le retour à des techniques de valorisation conventionnelle : DCF (Discounted Cash Flows, somme actualisée des revenus futurs), et non plus les méthodes d'options réelles qui, valorisant les options stratégiques qui s'ouvrent dans le futur à l'entreprise, permettent d'aboutir à n'importe quel prix.

Parallèlement, le nombre de fusions-acquisitions et leur montant ont massivement reculé (graphique 2), les défauts se sont multipliés dans les entreprises Internet, les perspectives pour les revenus de la téléphonie mobile ont été massivement révisées à la baisse, de ce fait les taux d'endettement acceptables ont chuté…

Aujourd'hui, les rendements et les croissances des marchés anticipés sont devenus nettement plus faibles, le nombre de PC ou de téléphones portables vendus progresse à un rythme ralenti (Tableaux 1 et 2) ; la part des actions dans les portefeuilles a reculé, la crise a poussé les entreprises à revenir à des leviers d'endettement faible ; seules les entreprises ayant un modèle d'activité solide (E. Bay, Amazon…) ont survécu. Il n'y a plus de nouvelle économie dans la finance.

Tableau 1 : Commerce mondial de PC

	1999	2000	2001	2002	2003
en millions	120,6	139,9	134,1	135,5	147
en %	23,9	16,0	-4,1	1,0	8,5

Source IDC, Septembre 2002

Tableau 2 : Vente de téléphones cellulaires,
1999-2003 (en millions d'unités)

Pays	1999	2000	2001	2002	2003
USA	91,3	107,5	122,5	136,9	150,5
Europe	148,2	191,5	228,3	259,1	285,3
Asie/ Pacifique/ Japon	142	177	213,4	252,1	294,6
Amérique du Sud	35,4	52,7	71,9	96,9	127,6
Moyen Orient et Afrique	16,3	23,6	30,2	36,7	43,4
Total Monde	433,2	552,3	666,3	781,7	901,4

*La nouvelle économie encore présente dans l'économie réelle
surtout aux États-Unis*

Même si les gains de productivité aux États-Unis ne sont pas aussi élevés que ce qui avait été parfois annoncé, ils sont encore forts (graphiques 3), et cela ne correspond pas à un à-coup transitoire pendant la crise pour remonter la profitabilité, mais à la poursuite de l'effort d'investissement de productivité (en IT) même durant la récession.

Le maintien de l'effort d'accroissement de la productivité est tout à fait remarquable. On avance souvent que les États-Unis souffrent d'un excès d'investissement technologique ; si c'était le cas, on aurait vu un recul de cet investissement pendant la crise, et il ne s'est pas produit. Par contre, c'est le reste de l'investissement (l'investissement de capacité, en biens d'équipement traditionnels) qui a beaucoup reculé. Les derniers travaux montrent d'ailleurs que ce n'est pas la seule productivité du travail qui est en croissance plus rapide aux

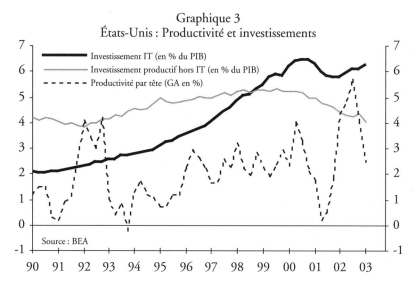

Graphique 3
États-Unis : Productivité et investissements

États-Unis, mais aussi la productivité globale des facteurs, c'est-à-dire la productivité de l'ensemble travail + capital ; cela signifie que c'est bien la croissance de long terme qui se trouve à un niveau plus élevé, au-delà de l'effet de la hausse de l'intensité capitalistique qui ne stimule que la productivité du travail.

Le dernier point remarquable aux États-Unis, et qui contribue à montrer l'existence de la nouvelle économie dans l'économie réelle, est la poursuite de la diffusion des gains de productivité en dehors de l'industrie ou des services technologiques : dans la distribution (graphique 4), l'industrie traditionnelle…, ce qui ni l'Europe ni le Japon ne parviennent à obtenir.

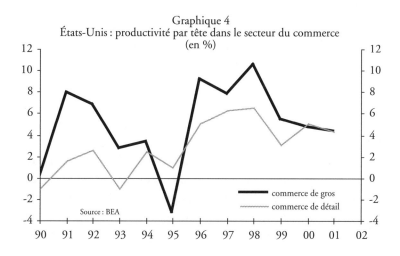

Graphique 4
États-Unis : productivité par tête dans le secteur du commerce
(en %)

Prix et industrie : quel impact aurait une guerre en Irak sur le secteur pétrolier ?

Synthèse de Pierre Dockès

avec J.-P. Betbéze, J.-M. Chevalier, B. Jacquillat

Lorsque la question a été posée (entre le 17 et le 22 mars 2003), la guerre menaçait, elle n'avait pas encore éclaté. Prévoir l'issue et les conséquences d'une guerre est toujours difficile. Tout va dépendre de ce que J.-P. Betbéze nomme la forme de guerre et la forme de paix. Si, d'une façon ou d'une autre la guerre dure, si les réactions régionales sont violentes, s'il y a enlisement, alors les conséquences peuvent conduire à un scénario alliant récession et inflation. En revanche, si la guerre est rapide, si l'Opep fournit le pétrole nécessaire, une phase de prix bas (moins de 20 $/baril) pourrait s'imposer, mais tout cela reste hypothétique.

Quant à la forme de paix qui s'imposera, elle devrait conduire à un protectorat américain et donc à une redistribution des cartes. Les compagnies américaines risquent de prendre une part accrue de la rente pétrolière, d'où le risque pour les pays non pétroliers de le payer en croissance moindre et la nécessité de revoir les stratégies d'approvisionnement en pétrole, mais aussi en ce qui concerne les autres sources d'énergies.

Finalement, comme le souligne P. Dockès, il y a deux types d'impacts « pétroliers » d'une guerre en Irak : sur l'évolution des cours et donc sur la conjoncture économique mondiale ; sur la redistribution des cartes entre les grandes compagnies. En ce qui concerne la première question, à court terme la guerre ne devrait pas conduire à une réduction de l'offre. En effet, les pays de l'OPEP sont dépendants des exportations pétrolières (près de 95 % de leur exportations et 75 % de leur budget) et en cas de guerre, ils accroîtront leur production. Malgré la forte hausse actuelle (avant guerre), d'où le rebond de l'inflation, le risque, si la guerre est rapide, ce sont des prix trop bas donc les conséquences à long terme seraient catastrophiques. Mais la guerre devrait surtout rebrasser le jeu des grandes compagnies. Aucune compagnie anglaise ou américaine n'était présente sur les gisements nouvellement découverts en Irak, mais les françaises, russes et, modestement, chinoises avaient pris de l'avance, trois pays qui ont pris position pour le non à l'ONU et risquent fort d'être supplantés par les Anglo-Américains.

Mais peut-être avait-on tendance à surévaluer les conséquences de la guerre annoncée ? Pour J.-M. Chevalier et B. Jacquillat, la guerre en Irak n'était pas de nature à bouleverser l'industrie pétrolière. A court terme, en ce qui concerne les prix, les pays de l'Opep, principalement l'Arabie saoudite, seront en mesure de maintenir les prix dans les limites de la « fourchette » Opep de 22-28 $/baril. Après la guerre, en ce qui concerne la production, si les installations ont été touchées, il faudra un certain temps pour que la production retrouve le niveau d'avant guerre (2,5 millions de barils/jour), mais pour augmenter la production au-delà, il faudrait que des compagnies internationales entreprennent des investissements considérables et donc que la situation politique du pays soit stabilisée et qu'il existe un cadre juridique, institutionnel, fiscal précis et stable. On en est loin ! Quelle que soit la nature de la guerre cela prendra beaucoup de temps, peut-être plusieurs années. Les prévisions les plus optimistes à l'horizon 2010 ne dépassent pas une production de l'ordre de 6 millions de barils par jour.

Comment assurer une bonne gouvernance d'entreprise ?

Synthèse de Bertrand Jacquillat

avec Ch. de Boissieu, J.-M. Chevalier et D. Vitry

En France, pour beaucoup de problèmes, on est toujours à la recherche d'un modèle optimal approprié en tout temps et en tout lieu.

Pourtant, sur un thème comme la gouvernance d'entreprise, comme pour beaucoup de sujets, un modèle général pour toutes les saisons n'existe pas, ne serait-ce que parce que chaque entreprise est un cas particulier, avec ses propres caractéristiques en termes de taille, d'intensité capitalistique, d'implantation géographique régionale, nationale ou mondiale, de situation concurrentielle.

Ces spécificités ne sont pas sans incidence sur la structure du capital et de l'actionnariat qui joue un rôle important dans la définition du bon modèle de gouvernance. Selon que les actionnaires sont très nombreux et dispersés ou au contraire que le capital est concentré entre les mains d'un individu ou de quelques associés, le gouvernement d'entreprise ne sera pas le même.

La dispersion de l'actionnariat conduit les marchés financiers à exercer un rôle important. A cet égard, il existe toute une série de professions dans la chaîne de l'information comptable et financière qui n'ont pas suffisamment exercé leur rôle de garde-fou :

– les actionnaires eux-mêmes, et notamment les investisseurs institutionnels dont il faudrait revoir leur mode d'expression au sein des assemblées générales ;

– les banques d'affaires dont la rémunération et dangereusement liée aux opérations de croissance externe des entreprises qu'elles conseillent, et qui ne sont pas toujours judicieuses ;

– les auditeurs et commissaires aux comptes dont il est judicieux de séparer l'essentiel des activités de conseil de celles d'audit ;

– les agences de notation dont il conviendrait d'ouvrir le marché à de nouveaux acteurs ;

– les analystes financiers dont le « business model » n'est pas satisfaisant, puisque leur financement n'est assuré ni par les émetteurs qu'ils évaluent, ni surtout par les investisseurs, ceux-là mêmes à qui leur travail est destiné, etc.

Dans tous les cas, il s'agit d'atténuer sinon d'éradiquer les conflits d'intérêt au sein même des acteurs des marchés financiers, pour faciliter la tâche des conseils d'administration. Ceux-ci ne pourront en effet jamais porter à eux seuls tout le poids d'un gouvernement d'entreprise efficace, même si les diverses mesures proposées dans le prolongement des rapports Bouton et Vienot étaient adoptées : généralisation des comités spécialisés des conseils, indépendance et professionnalisation des administrateurs, dissociation des fonctions de président du Conseil et de président de l'exécutif, amélioration de la logistique des réunions des Conseils, etc.

Économie internationale

Le 11 septembre 2001 a-t-il réellement changé la donne de l'économie mondiale ?

Synthèse de Jean-Paul Betbéze

avec P. Artus, O. Pastré, J.-M. Chevalier, J.-H. Lorenzi

Au-delà d'un « oui » évident, la question n'est pas facile. Il est même impossible d'y répondre de manière précise, tant les champs et horizons se mélangent, dans cette fameuse « donne » de l'économie mondiale.

Pourtant, la première façon de réagir consiste à se demander comment évoluait la conjoncture américaine avant l'attaque terroriste. Le moins que l'on pouvait dire, c'est qu'elle était alors mal orientée, le surinvestissement américain, notamment dans les hautes technologies, continuant de faire sentir ses effets. C'est après ce retournement conjoncturel qu'est survenue l'attaque, accroissant d'autant la perception du risque dans l'économie américaine et mondiale, et cela pour ses différents acteurs. Mécaniquement donc, le 11 septembre a encore détérioré une donne mondiale déjà mal orientée.

Mais cette approche ne suffit pas : les événements du 11 septembre ont également modifié la culture des entreprises en matière d'ouverture et de risque. Les dépenses de sécurité vont ainsi croître, et il faudra bien trouver comment les compenser. Une rubrique « gestion des risques majeurs », notamment terroristes, va désormais entrer dans les carnets de bord des responsables d'entreprise. En outre, ces événements ont plus profondément perturbé certains secteurs économiques particulièrement importantes : assurances, transport, tourisme, énergie et même Internet. Pour eux, des chocs plus violents sont en jeu, qu'il va falloir compenser en interne, mais cela ne suffira pas. Il y aura donc des licenciements, des fermetures, des regroupements plus ou moins forcés.

C'est alors que la politique conjoncturelle devient obligatoire. Le budget public soutient des secteurs entiers, dont le transport aérien, pour éviter des effets systémiques. Et la politique monétaire baisse immédiatement les taux d'intérêt de 100 points de base.

C'est à plus long terme cependant que se pose l'évolution de l'économie mondiale. Dans les pays occidentaux en effet, le 11 septembre a davantage révélé ou accéléré des situations que provoqué telle ou telle évolution. L'interventionnisme accru des politiques économiques a tenté de compenser d'abord, de réduire ensuite, la hausse des primes de risque. Une hausse qui, autrement, handicape toute activité et reprise. C'est ainsi que se développe la prise de conscience de la fragilité de nombreux secteurs et de la dépendance énergétique. Malheureusement, le 11 septembre n'a pas pour l'instant conduit à modifier visiblement l'attitude des pays les plus « riches » par rapport aux plus « pauvres », ce qu'on aurait pu croire.

Il faut en effet se faire une raison : après le 11 septembre, on aurait pu penser, imaginer, rêver… qu'une régulation plus maîtrisée allait se mettre en place. Bien sûr, il fallait éviter l'escalade de la fracture, le scénario dans lequel les terroristes d'un côté, les exclus de l'autre, montent dans l'échelle de la violence – en espérant qu'ils ne se rencontrent pas ! De la même façon, le scénario de la fragmentation était possible, dans lequel chaque pays, ou chaque bloc de pays, se replie sur lui-même. Non, il faut se faire une raison, la crise de l'attaque terroriste n'a pratiquement pas infléchi la donne. C'est à la « globalisation continue » que nous continuons d'assister. Mais jusqu'à quand ?

La conjoncture économique mondiale va-t-elle réellement souffrir du terrorisme latent?

Synthèse de Christian de Boissieu

avec J.-M. Chevalier, P. Jacquet, J.-D. Lafay, O. Pastré

La question est compliquée, car bien d'autres facteurs agissent sur la conjoncture internationale. Évidemment, des attentats terroristes de l'ampleur de celui perpétré contre les États-Unis le 11 septembre ont un coût important pour l'activité économique. Des secteurs comme les assurances, le transport aérien, le tourisme sont directement atteints. L'expérience montre cependant que les politiques économiques peuvent atténuer certaines conséquences, notamment en fournissant les liquidités nécessaires aux marchés, et c'est bien ce qu'a fait la Réserve fédérale américaine. Nous sommes en fait entrés dans une période marquée par la persistance d'un risque terroriste, entretenue par une succession d'attentats ou de tentatives d'attentats, et par la difficulté de cerner précisément la menace que représente Al Qaïda ou de localiser Ben Laden. Il y a donc bien un climat de terrorisme *latent*, dont l'impact n'est pas aussi immédiat que celui lié à la destruction provoquée par un attentat, mais qui peut néanmoins jouer un rôle majeur dans l'évolution de la conjoncture.

On peut au moins souligner trois canaux de transmission. Le premier passe par la baisse de la confiance des ménages et des investisseurs : moins d'achats, moins d'investissements, moins de déplacements, crise du tourisme, et bien d'autres effets. En soi, ce premier canal est de nature à ralentir la croissance ou retarder la reprise. A cette baisse de confiance s'ajoutent aujourd'hui les risques liés à la guerre contre l'Irak, et l'incertitude sur l'évolution des prix du pétrole.

Le second canal porte sur les coûts engagés en matière d'assurance ou de sécurité : ces coûts affaiblissent la rentabilité des investissements et le pouvoir d'achat des consommateurs. Ils constituent également un frein à la croissance de la productivité et diminuent donc le potentiel de croissance à moyen et long terme. Dans certains cas, les investissements peuvent même devenir non assurables par le secteur privé, ce qui pose le problème de la couverture des risques terroristes par les pouvoirs publics pour éviter de pénaliser certaines activités (par exemple, la construction après le 11 septembre).

Le dernier canal concerne la gestion de la mondialisation. Le renchérissement de l'assurance, le resserrement des mesures de sécurité aux frontières, s'interprètent comme autant de barrières au commerce et au mouvement des personnes. Si l'on s'y prend bien, des mesures plus strictes visant à assurer la sécurité des échanges de marchandises, à mieux contrôler les flux financiers et les mouvements de personnes peuvent contribuer à limiter la fraude, le crime international et le blanchiment, si bien que l'effet net pourrait paradoxalement être positif. Mais le risque existe, en fonction de ce climat de terrorisme latent, que les barrières non tarifaires au commerce et à l'investissement s'accroissent et conduisent à un ralentissement des flux de commerce ou d'investissement pénalisant l'activité économique.

Il faut quand même rappeler que le ralentissement économique des États-Unis avait commencé bien avant les attentats du 11 septembre, et que la situation économique du Japon apparaît depuis plusieurs années comme un important facteur de risque. De même, les difficultés de l'Europe à s'engager dans une trajectoire de croissance plus dynamique font depuis longtemps l'objet d'analyses et de recommandations. Tant que le boom économique américain tirait la croissance mondiale, ces différents problèmes paraissaient plus supportables. Aujourd'hui, la morosité est presque partout, et la locomotive américaine est aux prises avec les coûts de la surchauffe antérieure : excès d'investissement à absorber dans certains secteurs, effondrement des cours boursiers, excès d'endettement des ménages et des entreprises, dépendance accrue vis-à-vis de financements extérieurs qui fragilise le système monétaire international. Le climat de terrorisme latent rend encore plus difficile mais aussi plus nécessaire une sortie rapide de cette situation, mais il n'en porte pas la responsabilité initiale. Il accentue cependant certaines pressions déflationnistes et mérite davantage d'attention de la part de nos banquiers centraux, à l'instar de ce que fait la Réserve fédérale américaine.

Qu'est-ce que l'élargissement de l'Union européenne va changer pour l'économie française ?

Synthèse de Agnès Bénassy-Quéré

avec J. Pisani-Ferry, O. Pastré, Ch. Stoffaës, D. Vitry

Le Conseil européen de Copenhague des 12 et 13 décembre 2003 a fixé la liste et la date du nouvel élargissement de l'Union européenne : le 1er mai 2004, l'Union européenne accueillera en son sein dix nouveaux pays : la Pologne, la Hongrie, la République tchèque, la Slovaquie, la Slovénie, l'Estonie, la Lettonie, la Lituanie, Chypre et Malte. Globalement, ces pays représenteront 22 % de la population de l'Union élargie, mais seulement 5 % environ de sa production, soit en tout l'équivalent des Pays-Bas. Quantitativement, cet élargissement est peu différent de ce qu'a représenté en leur temps l'entrée de l'Espagne, du Portugal et de la Grèce. Cependant, le niveau de vie des nouveaux entrants est moitié moindre que celui des actuels membres de l'Union.

L'élargissement va affecter l'économie française par quatre canaux : le commerce, l'investissement, les flux migratoires, et le budget européen.

Premièrement, **le commerce** : les échanges commerciaux de la France avec les nouveaux adhérents sont pour l'instant excédentaires, mais la part de marché de la France est modeste : 6 %, contre 27 % pour l'Allemagne ; et le marché des dix ne représente que 3,5 % des exportations françaises. L'élargissement ne devrait pas en soi bouleverser cette situation, car les droits de douane entre l'UE et ces pays ont déjà été éliminés en 1999 pour les produits industriels. Restent les services et l'agriculture. L'agriculture des quinze a jusqu'ici énormément bénéficié de l'ouverture de l'Europe centre-orientale : nos exportations ont été multipliées par dix alors que les importations ont seulement doublé. Il va certainement y avoir un certain rééquilibrage, même s'il ne faut pas surestimer la concurrence de l'agriculture polonaise dont la moitié des exploitations sont strictement vivrières. Du côté des services, certains secteurs comme le transport routier pourraient également souffrir de la concurrence est-européenne.

Deuxièmement, **l'investissement** : le coût salarial unitaire (coût par unité produite) est de 40 % plus bas en Hongrie que dans l'ensemble de l'UE à quinze. C'est une opportunité pour les entreprises françaises employant beaucoup de main-d'œuvre, mais également une menace pour l'emploi. Toutefois, il ne faut pas surestimer cette menace. D'abord, une partie des délocalisations a déjà eu lieu dans le cadre des accords d'association. Ensuite, si les investissements directs de l'UE vers les dix nouveaux membres sont importants pour les pays qui les reçoivent (de l'ordre de 5 % de leur PIB), ils sont macroéconomiquement négligeables pour ceux qui les envoient (seulement 0,2 % du PIB des quinze, à comparer avec le taux d'investissement des quinze, de l'ordre de 15 % du PIB). Au total, au maximum 1 % de la population active française pourrait être amenée à changer de secteur d'activité. L'effet global sera positif : à la manière des États-Unis avec l'ALENA, les entreprises européennes tireront parti de leur intégration avec une région moins développée, mais plus dynamique. Localement ou sectoriellement, c'est une autre affaire : de nouvelles concurrences vont apparaître, de nouvelles délocalisations. Il faut s'y préparer.

Troisièmement, **les migrations** : après une transition de 7 ans, les nouveaux citoyens de l'Union pourront s'installer et travailler partout. Il est très difficile d'anticiper ce qui se passera. Après l'élargissement des années quatre-vingt, la population espagnole en France a baissé. Mais les nouveaux entrants sont plus pauvres. Depuis 1989, environ 650 000 citoyens est-européens se sont établis dans l'Union. On estime que la liberté d'installation induira l'entrée de 200 à 400 000 personnes supplémentaires par an, et qu'à terme (20 ans) ils seront de l'ordre de trois millions à résider dans un autre pays de l'Union.

Ces chiffres absolus sont impressionnants, mais il faut les rapporter à la population des quinze : 380 millions. On serait donc, même dans dix ou vingt ans, au-dessous d'un pour cent. Qui plus est, tout laisse attendre que cette migration restera, comme c'est le cas actuellement, très concentrée sur l'Allemagne et l'Autriche. L'impact sur la France devrait être très faible. En outre, le développement économique des nouveaux adhérents ralentira ces flux migratoires.

Enfin, **le budget** : les membres actuels de l'Union européenne se sont entendus sur une enveloppe globale de 40,8 milliards d'euros sur 2004-2006 au titre des aides à l'adhésion. Ces sommes représentent un faible pourcentage du PIB actuel de l'Union, à répartir sur trois ans et donc cet effort ne bouleverse pas le budget européen. D'autant que ces aides disparaîtront après

2006. En réalité, le véritable enjeu budgétaire pour la France est ailleurs. C'est la politique agricole commune.

Car le vrai sujet pour la France, c'est la PAC : l'agriculture occupe un cinquième de la population active en Pologne, contre seulement 4 % en France ; et la superficie agricole polonaise représente 13,5 % de la superficie agricole de l'UE actuelle. Un accord sur la PAC a été trouvé pour la période allant jusqu'à 2006 : les nouveaux membres ne recevront qu'une fraction des aides directes auxquelles ils auraient droit s'ils étaient des membres historiques de l'UE. Mais ensuite ?

Plus généralement, l'élargissement marque un changement de nature dans la construction européenne. L'Europe s'est organisée jusqu'ici comme un club restreint de pays riches et similaires. C'était la logique du marché unique : puisque nous essayons par des moyens différents d'atteindre les mêmes objectifs, adoptons le principe de la reconnaissance mutuelle.

Cette Europe est terminée. L'Union de demain sera nombreuse, diverse, inégale. Les principes sur lesquels nous fonctionnons vont être soumis à rude épreuve : pourrons-nous maintenir une législation uniforme ? Les citoyens feront-ils confiance aux certifications sanitaires ou environnementales décernées par les administrations nationales de pays perçus comme lointains ? Saurons-nous définir des priorités communes ? Irons-nous vers la géométrie variable ? Quel degré de redistribution accepterons-nous ?

C'est sans doute par son impact sur le système communautaire, plus que par son incidence économique directe, que l'élargissement affectera le plus les Français.

L'économie française souffrirait-elle d'une guerre en Irak?

Synthèse de Jean-Paul Betbéze

avec P. Dockès, O. Pastré, C. Stoffaës

Voilà une question qui peut paraître égoïste, car il est certain qu'une guerre dans la région affecterait d'abord les populations qui y vivent. Mais au-delà, on comprend que le contexte économique d'ensemble, celui d'un ralentissement, et celui de la France avec sa position sur le sujet, méritent examen. Il y a donc la guerre et le cas de la France, puisque la guerre voudra dire que la France a perdu la paix.

Cette guerre réduira d'abord la croissance partout, puisque l'inquiétude sera plus forte, au moins au début. Toute la question est évidemment celle de la durée du conflit, des réactions possibles de l'Irak. C'est donc un scénario à risque, puisque le dollar pourrait baisser, le pétrole beaucoup monter, sans compter des effets spécifiques sur des secteurs très sensibles en France comme le tourisme, le luxe ou le transport.

Ajoutons que la France pourrait souffrir de rétorsions, au moins temporaires. Elle peut se voir boycottée dans certains de ses produits symboliques, mais aussi dans certains de ses besoins financiers. N'oublions pas que la finance est anglo-saxonne, là sont les fonds. Plus significative est la situation de certains secteurs : outre certains domaines d'exportation, typiques de la France, il y a l'aéronautique de défense et la défense en général, il peut y avoir moins d'investisseurs étrangers. Car la France pourrait voir sa place contestée en Europe : par l'Angleterre et l'Espagne, par le successeur du chancelier allemand, par les pays de l'Est. Un sentiment anti français, diffus mais solide, pourrait s'établir aux États-Unis, ce qui affaiblirait la France, et ne l'aiderait pas en Europe.

Il semble également clair que la France aura une place limitée dans les chantiers de reconstruction au Moyen-Orient, et plus délicate dans les négociations internationales. Total, la compagnie qui avait négocié, mais non signé du fait de l'embargo, d'importants contrats de prospection et d'exploitation dans le pays va-t-elle voir sa position durablement affectée ?

Beaucoup dépendra de l'attitude des États-Unis vis-à-vis de la France, et de l'évolution de la situation. Certains peuvent se dire que « la politique de la

France ne doit pas se faire à la corbeille ». Mais peut-être cela est-il seulement une formule, ou bien le reflet d'un temps, et pour la situation de la France, et pour la place même de la corbeille, et dans l'économie, et dans la politique.

**Politique étrangère, politique de sécurité des États-Unis
et parité du dollar**

Synthèse de Patrick Artus

avec A. Bénassy-Quéré, M. Didier, P. Jacquet, Ch. Saint-Étienne

L'arrivée de l'administration républicaine en 2001 a brutalement modifié la politique budgétaire des États-Unis et l'évolution de la parité du dollar. Une partie substantielle de l'ouverture du déficit public américain vient des budgets militaires, des budgets de sécurité, ce qui est lié aux attentats du 11 septembre, à la guerre en Irak… Dans le futur, tant que l'administration Bush est présente, la volonté de poursuivre la « lutte contre le terrorisme » ne peut que prolonger cette tendance. Nous allons d'abord analyser les effets prévisibles sur le dollar de ces évolutions, puis rappeler le précédent des années 80.

Déficits jumeaux et dollar

Depuis l'arrivée de l'administration Bush, l'ouverture du déficit extérieur des États-Unis résulte de celle du déficit public (graphique 1), pas du besoin de financement des entreprises, ce qu'on appelle les déficits jumeaux (budgétaire et extérieur).

La nature du déficit extérieur des États-Unis, le rend maintenant difficile à financer. Les entreprises ou les investisseurs financiers européens… ont été incités à investir aux États-Unis tant que le déficit courant résultait de la mise en place de capital rentable, ou supposé rentable. Quel investisseur peut être tenté de financer un déficit qui résulte de baisses d'impôts, de dépenses de sécurité…, et qui ne correspond pas à l'accumulation d'un capital permettant, par les revenus futurs qu'il procurera, d'assurer la solvabilité intemporelle des États-Unis ?

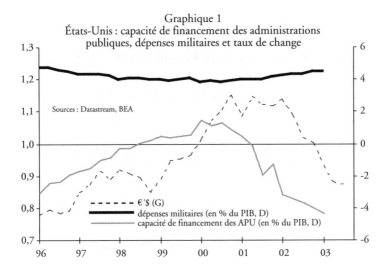

Graphique 1
États-Unis : capacité de financement des administrations publiques, dépenses militaires et taux de change

Sources : Datastream, BEA

€'$ (G)
dépenses militaires (en % du PIB, D)
capacité de financement des APU (en % du PIB, D)

Si le déficit extérieur n'est plus financé par des entrées spontanées de capitaux privés (ce qui est le cas depuis le début de 2001, graphique 2), il est clair que la tendance pour le dollar sera la dégradation, à un rythme dépendant des interventions de change des banques centrales asiatiques.

On a aussi évoqué la possibilité que, après les interventions américaines en Afghanistan, en Irak…, certains pays musulmans décident de retirer leurs capitaux des États-Unis, affaiblissant ainsi le dollar. En l'absence de chiffres fiables, il est difficile de dire si cela a eu lieu effectivement.

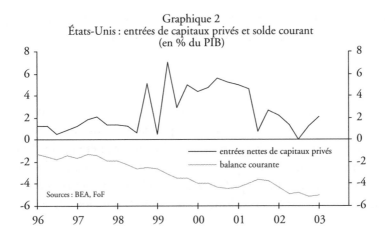

Graphique 2
États-Unis : entrées de capitaux privés et solde courant
(en % du PIB)

entrées nettes de capitaux privés
balance courante

Sources : BEA, FoF

Le précédent des années 80

Après l'arrivée de l'administration Reagan en 1981, une évolution similaire à l'évolution récente a été observée : baisse des impôts, hausse forte des dépenses militaires, d'où déficit public (graphique 3) et déficit extérieur.

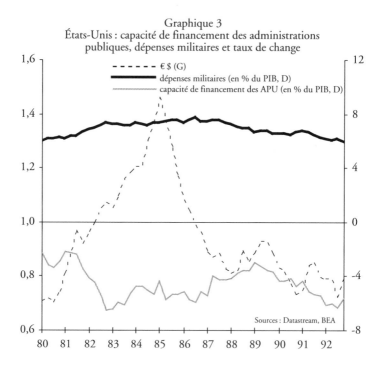

Graphique 3
États-Unis : capacité de financement des administrations
publiques, dépenses militaires et taux de change

Sources : Datastream, BEA

Qu'a-t-on alors observé comme effets de cette politique ? Une stagnation de l'investissement des entreprises à partir de 1984, d'où, avec un délai, un déclin des gains de productivité, le retour de pressions inflationnistes à partir de 1987 (graphique 4) amenant à la fin de la décennie la hausse des taux d'intérêt et une récession.

Dès 1985, le dollar recule avec les déficits extérieurs non financés par les capitaux privés ; si ce recul du dollar n'a pas été plus rapide, c'est sans doute parce qu'au début de la décennie 80 la politique monétaire des États-Unis a été extrêmement restrictive pour lutter contre l'inflation due aux chocs pétroliers des années 70. Le *policy mix* qui résulte en partie de la politique de sécurité des États-Unis est donc extrêmement défavorable à la croissance de long terme.

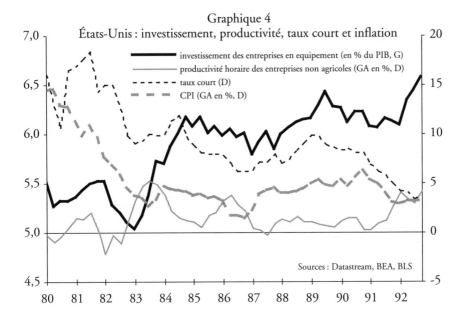

Graphique 4
États-Unis : investissement, productivité, taux court et inflation

investissement des entreprises en equipement (en % du PIB, G)
productivité horaire des entreprises non agricoles (GA en %, D)
taux court (D)
CPI (GA en %, D)

Sources : Datastream, BEA, BLS

Le contexte international actuel va-t-il modifier la carte géopolitique mondiale du pétrole ?

Synthèse de Jean-Marie Chevalier

avec P. Dockès, P. Jacquet, Ch. Stoffaës, B. Jacquillat

Dans le contexte international actuel, marqué par l'intervention américaine en Irak, il est important de souligner que les questions pétrolières ont une place essentielle mais qu'elles doivent être aussi replacées dans une problématique géostratégique plus large. La carte géopolitique mondiale du pétrole est modifiée par les événements de 2003 mais son évolution est aussi marquée par des tendances de fonds plus anciennes et plus profondes : l'évolution de l'Opep, le rôle de la Russie et de la Chine, la dépendance croissante des États-Unis et de l'Europe vis-à-vis du pétrole importé.

Rappelons que le pétrole, qui assure à lui seul 40 % des consommations mondiales d'énergie, est une matière première hautement stratégique vis-à-vis de laquelle nous avons progressivement construit une dépendance très forte. Le pétrole est revenu au premier rang des enjeux stratégiques. Le plan énergétique Bush-Cheney, publié à la prise de fonctions de l'administration Bush, avait déjà souligné que la question des approvisionnements énergétiques et pétroliers devenait très sensible et proposait un plan complet pour répondre à ce défi. L'Europe de son côté, dans un livre vert publié en 2001, a montré que la situation de dépendance pétrolière et gazière extérieure se dégradait dangereusement. La situation de l'Europe est plus préoccupante que celle des États-Unis. Ces derniers ont accès à des ressources de charbon, de gaz et de pétrole chez eux ou dans leur sphère d'influence d'Amérique du Nord et du Sud. Toutefois, pour les États-Unis, mais encore plus pour l'Europe, la géopolitique de la géologie est incontournable : 60 % des réserves de pétrole brut sont au Moyen-Orient.

L'intervention américaine en Irak, inspirée par une volonté d'éradication du terrorisme, intervient à un moment où l'axe pétrolier entre Washington et Riyad – considéré depuis 1945, comme la clef de voûte de l'équilibre pétrolier mondial – se révélait de plus en plus fragile en raison du fossé grandissant entre le régime wahhabite et une partie de la population qui supporte de plus en plus mal la présence militaire américaine sur le territoire saint. Compte tenu de la nécessité absolue de protéger les flux pétroliers qui quittent chaque jour le Moyen-Orient, il était indispensable de trouver des nouvelles zones d'implantation sécuritaire. L'Irak, libéré, apparaissait, aux yeux des Américains, comme une opportunité intéressante et un nouveau point d'appui fort, avec le Qatar, dans l'équilibre des quatre principales zones productives du Golfe : Arabie Saoudite et Koweït – Iran – Irak et Émirats.

L'Irak est une zone d'implantation possible et aussi une puissance pétrolière dont le potentiel peut être développé. Même si les réserves irakiennes, les deuxièmes du monde, sont très inférieures aux réserves saoudiennes, et même si l'on pense que la production irakienne n'atteindra probablement jamais la production saoudienne, c'est un « nouveau territoire » qui peut être ouvert à l'exploration et aux investissements internationaux. Des gisements importants, déjà découverts, sont en attente des investissements de développement qui portent sur plusieurs milliards de dollars. Toutefois, pour que ces investissements se fassent, il faut que le cadre politique, institutionnel, réglementaire et fiscal soit stabilisé. L'ampleur de cette tâche avait sans doute été sous-estimée par les stratèges de la Pax Americana. La situation est d'autant plus complexe que les grands gisements du nord sont en zone kurde tandis que les gisements du sud sont en zone chiite. L'intervention américaine n'a pas eu pour effet de pacifier et de démocratiser la zone mais au contraire d'aviver les tensions potentielles.

Au-delà de ce contexte de guerre au Moyen-Orient, d'autres éléments de fond sont en train de modifier la carte géopolitique du pétrole.

L'Opep est devenu une sorte de club économico-financier. Dans la plupart des pays membres, les gouvernements gèrent leurs ressources – et le niveau souhaitable du prix mondial du pétrole brut – dans leur intérêt de se maintenir au pouvoir et de boucler leurs budgets, ce qui passe accessoirement par la prise en compte des besoins de leurs peuples. Pétrole et démocratie sont rarement associés. L'Opep, qui n'est pas un cartel, conserve, pour l'instant, un certain pouvoir d'influence sur le niveau des prix et l'équilibre du marché. En 2003, la conjonction de trois événements de nature différente a menacé l'équilibre du marché : les grèves au Venezuela, les troubles sociaux au Nigeria et l'offensive américaine sur l'Irak ont privé le marché de plusieurs millions de barils par jour. Les prix n'ont cependant pas explosé grâce à une compensation effectuée par les autres pays de l'Opep. Certes, on est plutôt au-dessus de la fourchette de 22-28 dollars par baril, proposée comme zone de prix raisonnable par l'organisation mais le marché reste à peu près sous contrôle. Toutefois, à terme, le pouvoir régulateur de l'Opep pourrait être menacé par de nouveaux acteurs, notamment la Russie.

Pour l'économie russe, à la recherche de son potentiel de croissance, les recettes des exportations pétrolières et gazières revêtent une importance de plus en plus grande. L'industrie pétrolière a été partiellement privatisée et les oligarques bénéficiaires ont fondamentalement intérêt à développer la production et les exportations. Ils cherchent aussi à associer les grandes compagnies internationales qui apportent des capitaux, de la technologie et du savoir-faire. BP s'est engagé en 2003 dans un programme de plusieurs milliards de dollars. La Russie pourrait ainsi apparaître comme un trouble-fête sur la scène pétrolière internationale. Pour l'instant, l'État contrôle encore les grands oléoducs d'exportation et peut de ce fait jouer un rôle de régulation, éventuellement en coordination avec l'Opep. Dans l'avenir, de nouveaux tuyaux privés pourraient peut-être se développer.

La Chine enfin, peut avoir un rôle grandissant dans la géopolitique du pétrole. Ses besoins sont immenses et elle est encore fort peu motorisée, cent fois moins que les États-Unis en nombre de voitures pour mille habitants. Le développement chinois à grande échelle paraît maintenant amorcer et cela va induire une forte demande de pétrole qui pourrait en particulier favoriser le développement des gisements de Sibérie orientale. On retrouve la Russie, pour le pétrole comme pour le gaz naturel, à la frontière des approvisionnements, aussi bien vers l'ouest que vers l'est.

Ainsi, le pétrole est plus que jamais une matière première hautement stratégique. La géopolitique du pétrole est toujours liée à la répartition géologique des réserves et leur concentration sur le Moyen-Orient, une zone durablement fragile et agitée. La Russie et la région de la mer Caspienne s'affirment progressivement comme de nouvelles sources importantes qui ne peuvent pas toutefois supplanter le Moyen-Orient. La géopolitique du pétrole est sensible à la conjoncture politique internationale ; elle est aussi sensible à des évolutions plus lentes et plus profondes. Les incertitudes qui la caractérisent appellent à une meilleure diversification de nos approvisionnements et aussi à une plus grande diversification de nos bilans énergétiques de façon à diminuer notre trop forte dépendance vis-à-vis de la première des sources d'énergie.

Quel rôle la France peut-elle jouer dans la redéfinition de la régulation financière européenne et internationale?

Syntèse de Bertrand Jacquillat

avec É. Cohen, P. Dockès, P. Jacquet, J.-H. Lorenzi,
C. Lubochinsky, O. Pastré, J.-P. Pollin

Une certaine harmonisation de la régulation financière est nécessaire au niveau européen si l'on veut pouvoir bénéficier des avantages d'un espace économique homogène et fluide.

Le processus a déjà commencé puisque le premier régulateur d'un espace financier, et celui dont le rôle est le plus abondamment commenté, est la banque centrale. L'autre pilier traditionnel de la régulation est constitué des règles de concurrence. Si l'on considère ces deux éléments, on s'aperçoit qu'un pas considérable a été franchi en Europe quant à la constitution d'un espace financier plus fluide avec le rôle prépondérant de la Commission en matière de concurrence, et bien sûr, la création de la Banque centrale européenne à l'occasion de l'unification monétaire.

La France peut bien entendu jouer un rôle de proposition du fait du poids non négligeable, voire prépondérant dans un certain nombre de domaines, de son appareil et de ses acteurs financiers.

Elle doit le faire en respectant un certain nombre de critères :

– respecter le principe de subsidiarité, en ce sens qu'harmonisation ne veut pas dire uniformisation,

– ne pas introduire de nouvelles régulations, trop lourdes, tatillonnes et donc coûteuses, qui entraveraient la nécessaire flexibilité financière des acteurs, et notamment des entreprises, et briderait leur appétence à la prise de risque.

– reconnaître que pour surmonter la crise de confiance actuelle plusieurs démarches sont concevables, autres que de nouvelles réglementations : la définition de codes de bonne conduite débouchant sur des recommandations et usages adaptés au nouveau contexte des marchés fianciers, ou l'autorégulation voire le renforcement de l'éthique des affaires.

Un grand nombre de dispositions qui participent de la régulation d'un espace financier au sens large sont le fait des autorités de marché (COB en

France, SEC aux États-Unis) comme les offres publiques et prises de contrôle, la protection des actionnaires minoritaires, la supervision des intermédiaires financiers, les modes de fonctionnement des sociétés qui participent à la chaîne comptable et financière. Si ces dispositions ne sont pas harmonisées en Europe, c'est d'abord parce que les autorités de marché et les organismes de supervision sont multiples. Les pouvoirs de la SEC sont par comparaison à la fois beaucoup plus étendus géographiquement et dans leurs attributions.

De ce point de vue, l'espace financier européen ne pourra être harmonisé de manière optimale que le jour où l'Europe sera dotée d'une SEC européenne.

Coût de la guerre en Irak

Synthèse de Anton Brender

avec M. Didier, P. Dokès, P. Jacquet

Pendant de long mois, les économistes ont tenté d'imaginer quelles pourraient être les répercussions du conflit du Golfe sur l'économie américaine. Différents scénarios – guerre longue, guerre courte... – ont été envisagés et chiffrés. Comment ce qui s'est effectivement passé se situe-t-il par rapport à ce qui avait été imaginé? Deux points méritent d'être soulignés, ils portent sur la date de la guerre et sur sa durée. La date d'abord. Les hostilités ont éclaté au tout début du second trimestre. Sur le plan purement économique, cela veut dire que la conjoncture américaine est restée dans un environnement défavorable pendant les trois premiers mois de l'année. Le prix du pétrole a continué d'éroder le pouvoir d'achat des ménages et la confiance de ces mêmes ménages a baissé pour finalement plonger au moment où le conflit éclatait. Quant aux entreprises, elles ont continué pendant tout ce premier trimestre à faire preuve d'attentisme en décidant le moins d'embauches et de commandes possibles. Au total, sur les trois premiers mois de l'année, la croissance a été particulièrement faible : avec 1,6 % son rythme a été moitié moindre que celuyi du potentiel de l'économie américaine.

Si la date de déclenchement des hostilités a été tardive par rapport aux scénarios optimistes, leur durée en revanche a été beaucoup plus courte. Un mois à peine après avoir violemment chuté, pour tomber sur des niveaux comparables à ceux observés lors de la première guerre du Golfe, la confiance des ménagers a rebondi (alors qu'il y a une dizaine d'années, elle était restée déprimée pendant plusieurs mois). Quand au prix du pétrole, il est revenu sur ses niveaux d'avant crise depuis maintenant plusieurs semaines. Une seule question demeure : le trou d'air traversé peut-il avoir compromis la reprise de l'investissement des entreprises, clé du retour à une croissance soutenue.

Certains, depuis longtemps, insistent sur le fait que, guerre ou pas guerre, l'économie américaine souffre de maux profonds. Une reprise durable de l'investissement est pour cette raison improbable. Le débat n'est pas tranché. Mais le pire, pour l'économie américaine, aurait été que cette guerre dure longtemps et qu'effectivement les ménages et les entreprises, lourdement endettés, ne soient menacés d'asphyxie par une progression trop lente de leurs revenus. Pour l'éviter, les autorités auraient du mobiliser tous les moyens de soutien dont elles disposent, simplement pour maintenir l'économie américaine à flot. Tel n'a pas été le cas et leurs marges de manœuvre sont encore substantielles. La reprise de l'investissement est loin d'être acquise, mais la Réserve Fédérale peut encore baisser ses taux et, quelle que soit l'issue du débat au Congrés sur le Plan Bush présenté en janvier, un surcroît de stimulation fiscale ne manquera pas dans les prochains mois de prendre le relais de la cinquantaine de milliards de dollars injectés dans les circuits économiques par l'effort de guerre lui-même. Tout est donc là pour assurer une croissance suffisante de la demande intérieure jusqu'à ce que l'investissement reparte. Surtout si l'on ajoute que les États-Unis laissent le dollar filer gentiment... !

Sauf nouvelle surprise, la croissance américaine en 2003 devrait être autour de 2,5 %. Au total le « coût de la guerre » se chiffrera donc pour elle à moins d'un demi-point perdu. Il n'est pas sûr toutefois qu'en Europe, les dégâts soient aussi faibles.

La croissance économique mondiale vous semble-t-elle fragile ?

Synthèse de Patrick Artus

avec J.-P. Betbéze, J. Pisani-Ferry, J.-H. Lorenzi

L'année 2004 verra probablement une certaine augmentation de la croissance mondiale : reprise modeste aux États-Unis, encore plus dans la zone euro avec le retard pris dans le désendettement des entreprises ; petite remontée de la croissance en Europe centrale, largement liée à celle de l'Union européenne ; fin des effets du SRAS en Asie, effets favorables des dépréciations des devises en Argentine et au Brésil (Tableau 1).

Tableau 1 : Croissance du PIB (volume)

en %	2000	2001	2002	2003 (*)	2004 (*)
États-Unis	3,8	0,3	2,4	2,3	3,3
Zone euro	3,5	1,4	0,8	0,4	1,5
Japon	2,8	0,4	0,1	1	1,5
Asie hors Japon	7,1	4,2	5,8	5,1	5,8
Amérique latine	4,1	0,0	-0,1	1,7	2,6
PECO	3,8	2,5	2,5	3,2	3,5

Source : CDC IXIS
(*) Prévisions CDC Ixis

Cependant, ce scénario d'une croissance mondiale en amélioration en 2004 voisine avec des inquiétudes, peut-être pour les années suivantes (2005-2006) dues à l'absence de correction de déséquilibres graves ou de problèmes structurels. Les déséquilibres concernent surtout les États-Unis, qui jouent un rôle dominant dans le cycle économique mondial.

Le déséquilibres financiers non résorbés aux États-Unis

La reprise américaine laissera subsister un déficit du secteur public et un déficit extérieur considérable (graphique 1). Le déficit extérieur, qui venait du besoin de financement des entreprises dans la seconde moitié des années 90, vient aujourd'hui essentiellement du besoin de financement du secteur public, et la reprise économique ne le réduira pas puisque le déficit public est essentiellement structurel et non cyclique : il vient des baisses d'impôts, des dépenses de sécurité intérieure, des dépenses militaires, dans le futur des dépenses de santé…

Parallèlement, ce qui explique la poursuite de la hausse du déficit extérieur et de la dette extérieure, le taux d'épargne des ménages américains a très peu remonté. Ces derniers continuent à accumuler rapidement de la dette (graphique 2).

Graphique 1
États-Unis : Taux d'épargne, solde courant et besoin
de financement des administrations publiques

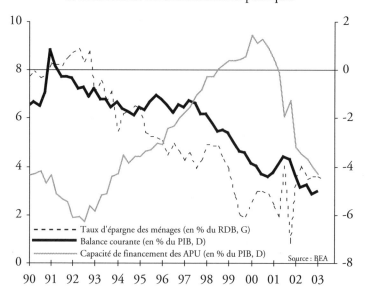

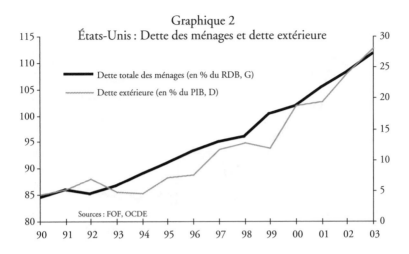

Graphique 2
États-Unis : Dette des ménages et dette extérieure

Dette totale des ménages (en % du RDB, G)
Dette extérieure (en % du PIB, D)

Sources : FOF, OCDE

Ces évolutions ne seront pas soutenables : il faudra qu'il y ait stabilisation de la dette des ménages, donc remontée de leur épargne ; réduction du déficit public, et de ce fait du déficit extérieur. Ces évolutions inexorables impliquent bien sûr qu'il y aura, quand elles se produiront, récession aux États-Unis, avec la baisse des dépenses des ménages, probablement, comme sous l'administration Clinton, la remontée des taux d'imposition pour réduire le déficit public.

Si cette perspective de récession est très probable, sa date et son facteur de déclenchement sont plus incertains. Elle peut résulter d'une hausse des taux d'intérêt, avec un retour de la politique monétaire vers une orientation de plus en plus neutre ; d'un recul du dollar dû au déficit extérieur, de plus en plus difficile à financer, qui réduise le revenu réel des Américains par la détérioration des termes de l'échange.

Problèmes structurels non résolus

Au-delà des déséquilibres financiers aux États-Unis, la croissance mondiale peut souffrir de l'existence d'une multitude de problèmes structurels non résolus. Nous n'en citerons que quelques-uns, parmi les plus sérieux.

Tout d'abord, le maintien d'anomalies dans le régime de change ; en particulier la sous-évaluation réelle des monnaies d'Asie (dont le yuan chinois) crée une distorsion de concurrence qui affaiblit les autres pays (surtout le Japon), y fait reculer l'emploi industriel, y fait peser la menace de déflation (graphique 3).

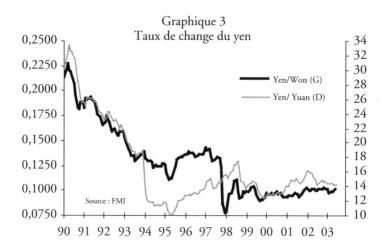

Graphique 3
Taux de change du yen

Source : FMI

Mentionnons aussi l'incapacité de l'Europe à stabiliser les pays en difficulté et à assurer le minimum de coordination. En l'absence de fédéralisme fiscal (de transferts publics automatiques des pays en croissance plus forte vers les pays en croissance plus faible), et en l'absence de mobilité du travail, les pays de la zone euro, confrontés de plus aux limites uniformes du déficit public du Pacte de stabilité, ne disposent d'aucun moyen collectif pour soutenir l'activité de ceux qui sont en difficulté. Cela explique une partie du déficit structurel de croissance en Allemagne (graphique 4).

En l'absence de solidarité, les pays en croissance faible, ayant aussi une inflation inférieure à la moyenne, sont donc confrontés à des taux d'intérêt réels élevés (graphique 5), puisqu'ils ont les mêmes taux d'intérêt nominaux que les autres : la divergence des situations nationales s'amplifie.

En l'absence de coordination fiscale, la concurrence fiscale qui s'y substitue pénalise les grands pays au profit des petits. On doit craindre une divergence des situations, une hétérogénéité croissante, et un frein durable à la croissance des grands pays de la zone euro.

Graphique 4
Demande intérieure (volume, GA en %)

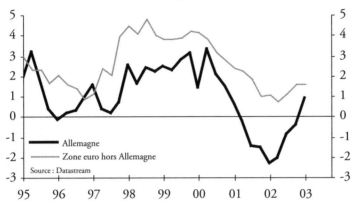

Graphique 5
Taux d'intérêt long terme et CPI

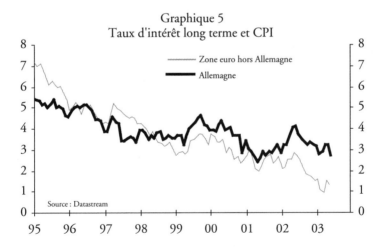

ANNEXE

Membres du Cercle des économistes

Michel AGLIETTA
Professeur à l'université de Paris X-Nanterre
Membre de l'Institut Universitaire de France
Conseiller scientifique du Centre d'études prospectives et d'informations internationales (CEPII)
Membre du Conseil d'Analyse Economique

OUVRAGES

Macroéconomie Internationale, Domat Économie, Montchrestien, 1997
Régulation et crise du capitalisme, Odile Jacob, réédition augmentée d'une postface, 1997
La Monnaie souveraine, sous la direction de Michel Aglietta et André Orléan, Odile Jacob, 1998
Le FMI : de l'ordre financier aux désordres monétaires, avec S. Moatti, Economica, 2000
La monnaie entre violence et confiance, coll. avec A. Orlean, Odile Jacob, 2002

Patrick ARTUS
Professeur associé à l'université Paris I – Panthéon-Sorbonne
Professeur à l'École Polytechnique
Directeur des Études économiques à la Caisse des Dépôts et Consignations
Membre du Conseil d'Analyse Économique
Membre de la Commission Économique de la Nation

OUVRAGES

Le choix du Système de retraites, avec F. Legros, Economica, 1999
Crises des pays émergents, Economica, 2000
L'Euro et la Banque Centrale Européenne, Economica, 2001
La nouvelle économie, La Découverte, 2001
Politique monétaire, Economica, 2001

Agnès BÉNASSY-QUÉRÉ

Professeur associé d'économie à l'université de Paris X-Nanterre

Conseiller scientifique du Centre d'études prospectives et d'informations internationales (CEPII)

Chercheur au THEMA (UMR CNRS)

Professeur chargé de cours à l'École Polyechnique

OUVRAGES

Les taux d'intérêt, avec L. Bonne et V. Coudert, La Découverte, 1999

Économie de l'Euro, avec B. Coeuré, La Découverte, 2002

Jean-Paul BETBÉZE

Directeur des Études économiques et financières, chef économiste du Groupe Crédit Lyonnais

Président de la Commission des Affaires économiques et financières de L'UNICE

Représentant de la FBF au Comité pour les Affaires économiques et monétaires de la Fédération Bancaire de l'Union Européenne

Membre du Groupe de Participations et d'Action « Croissance » du MEDEF

Membre de l'International Conference of Commercial Bank Economists

OUVRAGES

La Conjoncture économique, PUF, 2ᵉ édition, 1989

L'Investissement, PUF, 1990

Môts et mécanique de l'Économie, Economica, 2ᵉ édition 2003

Participation au *Dictionnaire de Sciences Économiques,* PUF 2001, à *Crises financières,* Economica, 2001, à *Où va l'économie mondiale ?* Odile Jacob, 2002

Les X commandements de la Finance, Odile Jacob, 2003

Jean-Pierre BOISIVON

Professeur Émérite à l'université Panthéon-Assas

Délégué général de l'Institut de l'Entreprise

Christian de BOISSIEU

Professeur à l'université Paris I-Panthéon-Sorbonne

Président délégué du Conseil d'Analyse Économique

Directeur scientifique du Centre d'observation économique de la Chambre de Commerce et d'Industrie de Paris

OUVRAGES

Les mutations de l'économie française (en coll.), Economica, 1997

Monnaie et Économie, Economica, 1998

Les mutations de l'économie mondiale (en coll.), Economica, 2000

Les entreprises françaises (en coll.), Economica, 2001 et 2002

Anton BRENDER

Enseignant à l'université Paris-Dauphine

Directeur des Études économiques de Dexia Asset Management

OUVRAGES

Globalisation financière : l'aventure obligée, avec M. Aglietta, V. Coudert et F. Hyafil, Economica, 1989

L'Impératif de solidarité, La Découverte, 1996, 2ᵉ édition

La France face à la mondialisation, préface de Dominique Strauss-Kahn, La Découverte, 1998

Les Taux d'intérêt : approche empirique, avec F. Pisani, Economica, 1997

Le Nouvel âge de l'économie américaine, avec F. Pisani, Economica, 1999

Pierre CAHUC

Professeur à l'université Paris I-Panthéon-Sorbonne

Professeur chargé de cours à l'École Polytechnique

Membre de l'Institut Universitaire de France

Chercheur à EUREQua, CREST-INSEE, CEPR (Londres), IZA (Bonn)

OUVRAGES

La réduction du temps de travail, une solution pour l'emploi ? avec Pierre Granier, Economica 1997

La nouvelle microéconomie, La Découverte, 1998

Le marché du travail, avec André Zylberberg, De Boeck Universités, 2001

Jean-Michel CHARPIN

Directeur Général de l'INSEE

Membre du Conseil d'Analyse Économique

OUVRAGES

L'Économie française en perspective, rapport pour le Commissariat au Plan, La Découverte, 1993

L'avenir de nos retraites, rapport au Premier ministre, La Documentation Française, 1999

Étude économique prospective de la filière nucléaire, rapport au Premier ministre, La Documentation Française, 2000 (en collaboration avec B. Dessus et R. Pellat)

Chroniques économiques

Jean-Marie CHEVALIER

Professeur à l'université Paris-Dauphine

Directeur du Centre de Géopolitique de l'Énergie et des Matières Premières

Directeur au Cambridge Energy Research Associates (CERA bureau de Paris)

OUVRAGES

Introduction à l'analyse économique, La Découverte, 3ᵉ édition, 1994

Économie industrielle des stratégies d'entreprises, Domat Monchrétien, 2ᵉ édition 2000

Internet et nos fondamentaux (en coll.), PUF, 2000

Où va l'économie mondiale ? (en co-dir.), Odile Jacob 2002

Élie COHEN

Professeur à l'université Paris-Dauphine

OUVRAGES

Analyse financière, Economica, collection « Gestion », Paris, 4ᵉ édition, 1997

Dictionnaire de gestion, Éditions La Découverte, Paris, 3ᵉ édition, 2001

L'accueil des étudiants étrangers à Paris, Rapport au ministre de l'éducation nationale et au ministre des affaires étrangères, Paris, juillet 2001

Michel DIDIER

Professeur au Conservatoire national des Arts et métiers

Directeur Général du Centre de recherche pour l'Expansion de l'économie et le développement des entreprises (REXECODE)

Membre du Conseil d'Analyse Economique

OUVRAGES

Utilité et valeur de l'information géographique, Economica, 1990

Scénarios pour l'emploi (en coll.), Economica, 1995

Innovation et croissance, avec R. Boyer, La Documentation Française, 1998

Enjeux économiques del'UMTS, avec J.-H. Lorenzi, La Documentation Française, 2001

Pierre DOCKÈS

Professeur à l'université Lumière-Lyon 2

Directeur du Centre A. et L. Walras

OUVRAGES

L'Histoire ambiguë, avec B. Rosier, Paris, PUF, 1988

« L'économie n'est pas un pique nique », *Léon Walras et l'économie sociale*, Economica, 1996

Pouvoir et Autorité en économie, Economica, 1999

Ordre et désordres dans l'économie monde, PUF, 2002

Henri GUILLAUME
Inspecteur Général des Finances
Président du Comité d'engagement pour le fond public pour le capital risque

OUVRAGES

Histoire(s) d'innover, ANVAR avec P. Merlant, Interéditions, 1993

La Technologie et l'innovation (rapport au Ministre de l'Éducation nationale, de la recherche et de la technologie, au Ministre de l'Économie, des finances et de l'industrie et au secrétaire d'État à l'Industrie), La Documentation Française, 1998

Gestion publique : l'État et la performance, Presses de Sciences Po et Dalloz, septembre 2002

Marc GUILLAUME
Professeur à l'université Paris-Dauphine

OUVRAGES

Où vont les autoroutes de l'information ? (sous la dir. de), Descartes & Cie, 1998

L'Empire des réseaux, Descartes & Cie, 1999

Virus vert, Descartes & Cie, 2002

Pierre JACQUET
Directeur de la stratégie et économiste en chef, Agence Française de Développement (AFD)
Professeur et Président du département « Sciences humaines, économie, gestion, finances » à l'École nationale des ponts et chaussées (ENPC)
Membre du Conseil d'Analyse Économique

OUVRAGES

Making EMU a success, avec Rudi Dornbusch, International Affairs, 1/ 2000

« L'aide au développement dans la gouvernance globale », dans RAMSES 2003, rapport annuel de l'IFRI, Dunod 2002

Gouvernance mondiale : les institutions économiques de la mondialisation, avec Jean Pisani-Ferry et Laurence Tubiana, dans Gouvernance Mondiale, rapport 37 du Conseil d'Analyse Économique, La Documentation Française, 2002

Bertrand JACQUILLAT
Professeur à l'Institut d'Études Politiques de Paris
Cofondateur et Président d'Associés en Finance

OUVRAGES

Marchés financiers, gestion de portefeuille et des risques, 4ᵉ édition (avec B. Solnik), Dunod, 2002

La Bourse, avec J. Hamon, « Que sais je ? », PUF, 2002

Jean-Dominique LAFAY
Professeur à l'université de Paris I-Panthéon-Sorbonne
Directeur scientifique droit, économie, gestion au Ministère de l'Éducation nationale,
de la Recherche et de la Technologie
Vice Chancelier des Universités de Paris

OUVRAGES

Analyse macro-économique, 3ᵉ édition, avec J. Lecaillon, Cujas, 1993
La Faisabilité politique de l'ajustement dans les pays en développement, avec S. Haggard et
C. Morrisson, OCDE, 1995

Jean-Hervé LORENZI
Professeur à l'université Paris-Dauphine
Président du Cercle des Économistes
Conseiller du Directoire de La Compagnie Financière Edmond de Rothschild
Membre du Conseil d'Analyse Économique

OUVRAGES

Le Choc du progrès technique, Economica, 1995
Retraites et Épargne, avec F. Morin et O. Davane, Rapport au Conseil d'Analyse Écono-
mique, La Documentation Française, 1998
« Financing the new economy, its impact on growth », *Communications et Stratégies,* N°40,
4ᵗʰ quarter, Idate, 2000
Enjeux économiques de l'UMTS, avec Michel Didier, Rapport au Conseil d'Analyse
Économique, La Documentation Française, 2000
« Une nouvelle ère pour l'assurance », in *Où va l'économie mondiale?,* Éditions Odile
Jacob 2002

Catherine LUBOCHINSKY
Professeur à l'université Paris II-Panthéon-Assas
Consultant au Service des Études et des Marchés et de la Stabilité Financière, Banque de France

OUVRAGES

Are derivatives risky?, Bil, n°111, 1996
« Marchés dérivés et crises financières », in *Crises financières,* ed. J. Trauman, Economica 2001
« The role of Hedge Funds », in *International Capital Markets,* Economic notes, 2002
Gestion alternative : un nouvel enjeu pour le marché français, avec B. Maillet, Paris-I, in
Gestion alternative, un recueil d'opinions, AFG-ASFFI, juillet 2002

Charles-Albert MICHALET
Professeur à l'université Paris-Dauphine
Membre du CGEMP/Dauphine et du CEREM/Forum
Consultant auprès d'organisations internationales

OUVRAGES

Le drôle de drame du cinéma mondial, La Découverte, 1987

Le Rééquilibrage entre les secteurs public et privé : l'expérience des pays en développement,
    avec O. Bouin, OCDE, 1991

Le Capitalisme mondial, PUF, 1985, rééd., coll. « Quadrige », PUF, 1998

La séduction des nations, Paris, Economica, 1999

Qu'est-ce que la mondialisation ?, La Découverte, 2002

Jacques MISTRAL
Professeur des Universités
Ministre Conseiller Financier à l'Ambassade de France à Washington
Membre du Conseil d'Analyse Économique

Olivier PASTRÉ
Professeur à l'université Paris-XIII
Président d'IM Bank (Tunis)

OUVRAGES

Les Nouveaux piliers de la Finance, La Découverte, 1992

La Banque, Les essentiels, Milan, 1997

Le gouvernement d'entreprise (éd.), R.E.F, 2001

Où va l'économie mondiale ? Odile Jacob, 2002

Le capitalisme déboussolé, La Découverte, 2002

Anne PERROT
Professeur d'économie à l'université de Paris I
Directeur du Laboratoire d'Économie Industrielle du Centre de Recherche en Économie
    et Statistiques (CREST)
Membre du Conseil de la Concurrence

OUVRAGES

Calcul économique et microéconomie approfondie, avec C. Fourgeaud, Economica 1990

Les nouvelles théories du marché du travail, La Découverte, 1992

Concurrence et coopération dans le transport aérien en Europe, avec D. Encaoua, POCE,
    Communautés européennes, 1992

Réglementation et concurrence (éd.), collectif, Eonomica, 1997

Jean PISANI-FERRY

Professeur à l'université Paris-Dauphine

Professeur chargé de cours à l'École Polytechnique

Membre du Conseil d'Analyse Économique

Membre du groupe Economic Governance in an Enlarged Europe mis en place par la Présidence de la Commission européenne

OUVRAGES

Marché unique, monnaie unique, (en coll.), Economica 1990

Exchange Rate Policies in Emerging Asian countries, (en coll.), Routeledge,1999

La bonne aventure : le plein emploi, le marché, la gauche, La Découverte 2001

L'Europe de nos volontés, (en coll.), Fondation Jean Jaurès/Plon, 2002

Jean-Paul POLLIN

Professeur à l'université d'Orléans

Directeur du Laboratoire d'Économie d'Orléans

Président de la Revue Économique

OUVRAGES

Théorie de la monnaie, La Découverte, 1997

Dominique ROUX

Professeur à l'université Paris-Dauphine

Membre de l'Autorité de Régulation des Télécommunications

OUVRAGES

Les Prix Nobel d'Économie, avec D. Soulié, Economica, 1991

Gestion, avec D. Soulié, PUF, réédition 1996

Nobel en Économie, Economica, 2001

Christian SAINT-ÉTIENNE

Professeur aux universités de Tours et de Paris-Dauphine et Président de l'Institut France Stratégie

OUVRAGES

L'ambition de la liberté, Economica, 1998

Scènes de vie en 2024, Lattès, 2000

Appel à une génération citoyenne, Economica, 2001

La puissance ou la mort-L'europe face à l'empire américain, Seuil 2003

Christian STOFFAËS
Professeur associé à l'université Paris-Dauphine
Directeur à de la Prospective Internationale d'Électricité de France

<small>OUVRAGES</small>

Entre monopole et concurrence, Éditions PAU, 1994
Services publics : question d'avenir, 1995
French Industrial policy, Brooking – Institutions,1995

Daniel VITRY
Professeur à l'université Paris-II
Directeur des Relations Internationales et de la Coopération au Ministère de la Jeunesse,
de l'Éducation Nationale

<small>OUVRAGES</small>

Fluctuations et Croissance, avec H. Guitton, Dalloz, 1987
Économie politique, avec H. Guitton, Dalloz, 1992

Les ouvrages cités ne constituent qu'une bibliographie partielle.

Dans la même collection

Géopolitique et stratégies d'entreprise, Alain Simon, 1994

Chroniques économiques 1994, Le Cercle des économistes, 1994

Le paradigme informatique, Christopher Freeman et Henri Mendras (sous la direction de), 1995

Chroniques économiques 1995, Le Cercle des économistes, 1995

Chroniques économiques 1996, Le Cercle des économistes, 1996

Le Sens des cartes, Alain Simon, 1997

Chroniques économiques 1997, Le Cercle des économistes, 1997

Où vont les autoroutes de l'information ?, Marc Guillaume (sous la direction de), 1998

Chroniques économiques 1998, Le Cercle des économistes, 1998

Chroniques économiques 1999, Le Cercle des économistes, 1999

Espérances et menaces de l'an 2000, Le Cercle des économistes, 1999

Chroniques économiques 2000, Le Cercle des économistes, 2000

Espérances et menaces de la nouvelle économie, Le Cercle des économistes, 2000

Chroniques économiques 2001, Le Cercle des économistes, 2001

Espérances et menaces de l'élection présidentielle, Le Cercle des économistes, 2002

Le temps des catastrophes, François-Xavier Albouy, 2002

La taxe Tobin et la solidarité entre les nations, Bruno Jetin, 2002

Espérances et menaces : retraites et solidarité, Le Cercle des économistes, 2003

L'Europe et la gouvernance mondiale – rencontres économiques d'Aix-en-Provence 2002, Le Cercle des économistes, 2003

Mots pour maux – Le discours des patrons français, Nathalie Brion et Jean Brousse, 2003

Conseil d'indiscipline – Du bon usage de la désobéissance, Bruno Jarrosson, 2003